김태연의
저절로
말이 되는
영어

랭기지플러스

말.되.영×EBS 반디 외국어 라디오

〈김태연의 말이 되는 영어〉 강의를 EBS 반디 외국어 라디오로 들어 보세요!
김태연 선생님의 강의와 함께라면 저절로 말이 되는 영어를 경험할 수 있습니다.

〈김태연의 말이 되는 영어〉 강의를 듣는 두 가지 방법

❶ EBS 반디 어플리케이션으로 듣기

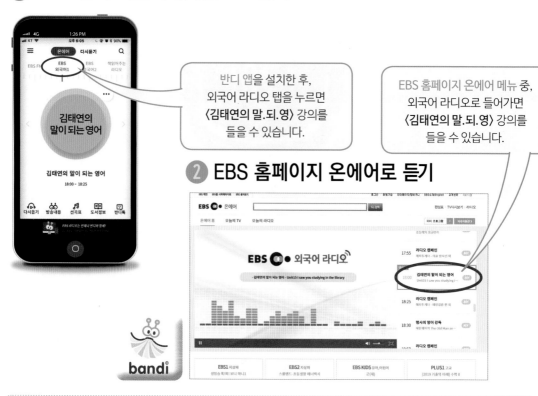

반디 앱을 설치한 후,
외국어 라디오 탭을 누르면
〈김태연의 말.되.영〉 강의를
들을 수 있습니다.

EBS 홈페이지 온에어 메뉴 중,
외국어 라디오로 들어가면
〈김태연의 말.되.영〉 강의를
들을 수 있습니다.

❷ EBS 홈페이지 온에어로 듣기

▶ 플레이스토어(안드로이드)/앱스토어(아이폰) 접속 ▶ 〈EBS 반디〉 검색 ▶ 반디 앱 설치

〈김태연의 말이 되는 영어〉 방송 시간

월~토	오전 ▶ 6시, 11시 오후 ▶ 6시, 10시
일	오후 ▶ 1시~4시(6편 연속 방송)

안녕하세요, 김태연입니다.

많은 분들이 영어를 잘해 보고 싶긴 한데, "내 나이가 몇인데? 지금 영어가 되겠어?"라는 생각이 발목을 잡는다고들 말씀을 하십니다. 영어를 잘 하려고 외국에 나가서 몇 달이고 몇 년이고 살고 온다고 되는 것 같지도 않고 말이죠. 그런데요, 외국어가 모국어처럼 자연스럽게 받아들여지는 건 12세 정도까지라고 합니다. 그 이후에는 나이가 몇이든, 외국어가 우리말 해석을 통해 이해 되고 내가 어떤 말을 하려고 하면 우리말을 먼저 생각해서 그걸 영어로 만들어 말하는 과정이 필요하다는 거죠. 하지만 이런 과정이 충분한 연습을 통해 짧아지면, 그땐 영어를 들으면 그냥 의미가 이해가 되고 나도 바로 영어로 답을 하고 말을 할 수 있게 됩니다. '내가 지금 나이가 몇 인데, 영어가 되겠어?'라고 생각하지 마시고 당장 시작해 보세요. 여러분이 학교에서 배우셨던 그 영어에 대한 지식, 문법, 단어들, 이런 것들을 끄집어 내서 영어 문장이 되고 여러분의 입에서 술술 나오는 말이 되게 도와드리겠습니다.

결과가 좋으려면 과정이 재미있어야 합니다. '아, 이런 말을 할 때 이 문법을 쓰는 거였구나'라고 재미있게 이해하시면서 '나도 이제 영어가 두렵지 않다, 나도 영어로 말할 수 있다'라는 희열을 선물해 드리고 싶습니다.

네잎 클로버의 꽃말은 뭔지 아시죠? 네, 행운입니다. 그럼 세잎 클로버의 꽃말은 뭔지 아세요? 행복이랍니다. 우리 주변에 지천에 깔려있는 게 행복인데, 우리는 그런 행복들을 다 즈려밟고 행운이 어디 있는지만 찾아다니며 우울해 하고 있는 건 아닐까요? "김태연의 저절로 말이 되는 영어"도 여러분의 영어 공부에 있어서 행복한 세잎 클로버가 되기를 바랍니다. 감사합니다.

김태연

세상에 '말이 안 되는 영어'가 있나요?

다짜고짜 이런 질문을 받는다면, 그래서 굳이 대답을 해야 한다면, 아마도 나는 이렇게 말할 것 같네요. "네. 세상에는 두 가지의 '말이 안 되는 영어'가 있어요. 첫 번째는 부적합한 단어를 사용하는 경우입니다. 이는 '연필'을 말하려고 했는데 '지우개'라고 하는 것처럼 아예 틀린 단어를 사용했거나, '진실함'을 원했는데 '정직함'이라는 단어를 말하는 것처럼 개념상 어긋난 단어를 사용하는 경우예요. 두 번째, 단어는 적합한데 그 단어들의 배열이 적절하지 못한 경우예요."라고 말이죠.

이렇듯 '말이 되는 영어'라 함은 '적합한 단어의 사용'과 '적절한 단어의 배열'이라는 두 가지 조건에 맞아야 한다고 생각합니다. 따라서 그 두 가지 조건을 제대로 충족시켰다면, 굳이 옳고 그름에 대한 타인의 인정을 받을 필요가 없어요. 자신 있게 각자의 방식대로 개성 있는 '말이 되는 영어'를 할 수 있다고 생각해요. 또 그것이 쌓이면 '살아있는 영어'가 되고 나아가 '설득력 있는 영어'가 된다고 생각합니다.

자, 그러면 그 '말이 되는 영어'를 내 것으로 만들기 위하여 우리는 어떻게 해야 될까요? 저는 이를 위해 스스로 해결할 부분과 전문가의 도움이 필요한 부분으로 나누어 생각합니다. 우선 '적합한 단어의 선정'은 스스로 해결해야 될 부분입니다. 그래야 이해도 빠르고 오래가거든요. 이 경우 항상 사전과 함께 하시길 바랍니다. 두 번째 '적절한 단어의 배열'은 경험이 풍부한 전문가의 도움이 꼭 있어야 한다고 생각해요. 단어의 배열이란 '영어적인 사고력의 결과'라고도 할 수 있는데, 그 사고력의 확장을 위해서는 오랜 연륜과 풍부한 경험의 선생님의 강의가 큰 도움이 되거든요.

저자 김태연은 EBS를 대표하는 영어회화 선생님으로서 '말이 되는 영어'의 선장님이십니다. 선생님과 함께라면 여러분이 꼭 한 번 가고 싶어 하시는 '말이 되는 영어의 세계'로 무사히 안착하실 것입니다. 영어회화! 한마디로 즐기기 위한 대상입니다. 선장님과 함께 '말이 되는 영어'를 타고, 생생한 영어 그리고 맛있는 영어! 마음껏 엔조이하세요.

EBS 라디오부 이효종 피디

4

말.되.영 기획에서 출판, 그리고 방송까지...

우리는 초등학교 때부터 20년 넘게 영어를 배워오지만 한 문장도 제대로 말하지 못합니다. 외국인만 봐도 피하고 혹여 문법이 틀릴까 발음이 다를까 두려워하지요. 왜 우리는 영어를 알고 있는데도 정작 말을 할 수 없는 걸까요? "말.되.영"은 이런 궁금증에서부터 기획되었습니다. 방송 파일럿을 찍고 모니터링 하기를 수십 번, 결론을 냈다가도 좋은 아이디어가 떠올라 거듭 추가된 후 드디어 책과 방송의 완성된 결과물이 탄생 되었습니다.

이른 새벽부터 밤늦게까지 원고 작업에 매달리고, 빡빡한 스케줄에도 특유의 밝은 웃음을 잃지 않으셨던 김태연 선생님, 늘 성실하게 묵묵히 따라와주신 젠틀맨 월터 선생님, 좋은 컨텐츠를 멋진 편집으로 더욱더 빛나게 해주신 이효리 과장님, 늘 응원과 지지를 아낌없이 주시는 엄태상 대표님, 반디처럼 불을 밝혀주는 든든한 반디 친구 이하진 PD, 강동걸 PD, 이시아 님, 최유빈 님 그리고 큰 울타리로 든든한 힘을 주신 김준범 부장님이 계셨기에 "말.되.영" 책과 방송이 완성되었다고 생각합니다.

"말.되.영"은 정확한 문법 뼈대와 단어를 알면 제대로 된 문장을 구사할 수 있다는 취지에서 시작하여 딱딱한 문법 형식이 아닌 자주 쓰이는 문장을 주제로 문장의 구조를 알아보고, 실생활에 유용한 문장들을 예로 배워보며 자연스럽게 말이 나올 수 있도록 하였습니다.

EBS 반디에서 방송되는 "김태연의 말.되.영" 프로그램도 "말.되.영"만의 특징을 살려 원어민 월터 포어맨과 함께 문장 구조에 맞는 다양한 문장 예시를 듣고 충분히 이해하고 활용하도록 구성하였습니다. 많은 영어 회화 초보자들이 이 책과 방송으로 영어에 좀 더 한발 다가가고 자신감을 갖고 성취감을 느낄 수 있었으면 합니다.

EBS 라디오부 **김성은** 피디

이 책은 여러분이 알고 있는 영어 문법이나 어휘 등을 최대한 다시 끄집어내서 영어 문장이 되고 또 말이 되어 나올 수 있도록 구성되어 있습니다. 영어 문법 자체보다는 '내가 이런 말을 영어로 할 때 어떤 식으로 말을 해야 할까?'를 이해하고, 그 말을 하기 위한 문법과 표현들을 배워서 문장을 완성해 말하는 연습을 하다 보면 여러분의 스피킹 실력은 차근차근 향상될 것입니다. 내가 하고 싶은 말을 하기 위해 영어 문법을 이해하고 연습 문장을 완성해가는 과정에서 끊임없이 입을 열어 영어 문장을 소리내어 연습하시기 바랍니다.

기본기를 다지는 영어의 첫걸음

내가 말하고 싶은 말을 영어 문장으로 유창하게 잘 하기 위해서는 영어에 대한 기본적인 이해와 영어가 한국어와 어떻게 다른지 아는 것이 중요합니다. Part 1에서는 영어 말하기를 위해 꼭 알아야 하는 핵심적인 포인트 다섯 가지를 알기 쉽게 정리했습니다. 태연 쌤의 재미있는 설명과 함께 스스로 확인할 수 있는 문제들을 모두 풀어보면 Part 2로 들어가기 위한 본격적인 준비가 된 것입니다.

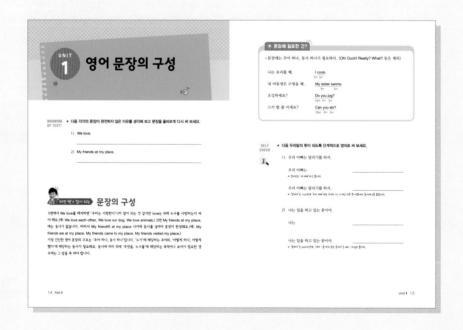

Part 2

입에서 저절로 나오는 말이 되는 영어

영어를 생전 처음 배우는 게 아니라면 여러분의 머릿속에는 이미 알고 있는 문법 사항들이 부분적으로 남아 있을 겁니다. 그런 여러분의 문법 지식을 말이 되는 영어로 바꿔 드리기 위해서 Part 2에서는 태연 쌤에게 옆에서 설명을 듣는 것처럼 '이런 상황에서 이런 말을 하려면 어떤 문법과 어떤 표현을 쓰면 될까'를 쉽고 자세하게 풀어 놓았습니다. 또 다양한 문장과 대화문을 영어로 만드는 연습을 통해 배운 내용을 확실히 익히도록 구성했습니다.

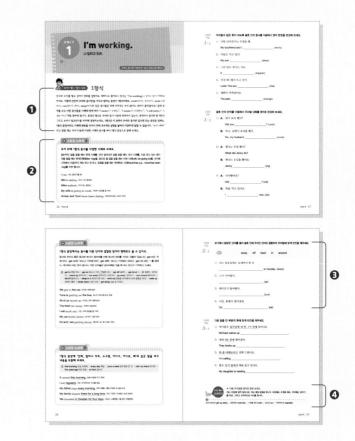

❶

❷

❸

❹

❶

태연 쌤's 말이 되는 1형식

친구와 수다를 떨고 싶어 전화를 걸었어요. 워하니고 물어보니 친구는 "I'm working.[난 일하고 있어.]"이라고 하네요. 이렇게 간단히 주어와 동사만을 가지고 말하는 문장이 1형식이에요. work[일하다], 출발하다, swim[수영하다], run[달리다, 뛰다], sleep[자다]과 같은 동사들은 뒤에 아무것도 쓰지 않아도 의미가 통하잖아요? 앞에 주어를 쓰고 이런 동사들을 시제에 맞게 써서 "I swim.[난 수영한다.]", "I swam.[난 수영했다.]", "I will swim.[난 수영할 거야.]"처럼 말하면 됩니다. 문장의 형식은 주어와 동사 다음에 목적어가 있는지, 목적어가 있다면 몇 개인지 그리고 보어가 필요한지를 파악해 결정하는데요, 1형식은 이 중에서 주어와 동사만 있으면 되는 문장을 말해요. 1형식 문장이라도 시제에 변화를 주거나 부수적인 설명을 붙여서 다양하게 말할 수 있습니다. '누가 ~하다'라고 말할 때는 주어 다음에 다양한 시제의 동사를 써서 1형식 문장으로 말해 보세요.

이런 상황에서 이런 말을 영어로 하려면 어떤 문법이 필요한지를 태연 쌤의 친절한 이야기와 설명을 통해 확실하게 이해할 수 있습니다.

❷

★ 스피킹 노하우 1

'주어가 ~한다'는 의미일 때는 접속사와 주어를 생략하고 동사를 현재분사(~ing)로 쓰세요.

동사에 ing를 붙인 현재분사는 '~하는, ~하고 있는'이라는 뜻을 가지고 있어요. 접속사와 주어, 동사 부분을 해석했을 때 '주어가 무엇을 하고 있다'라는 능동적인 문장이면 접속사와 주어를 생략하고 동사에 ing를 붙인 현재분사로 시작하는 분사구문으로 쓸 수 있습니다.

I went to bed early because I felt tired. 난 일찍 잤는데. 왜냐하면 피곤했거든.
→ Feeling tired, I went to bed early. 피곤해서, 일찍 잤어.

As Betty was a vegetarian, she wanted to eat at a vegetarian restaurant.
베티가 채식주의자여서, 그녀는 채식주의 식당에서 먹고 싶어했어요.
→ Being a vegetarian, Betty wanted to eat at a vegetarian restaurant.
채식주의자라서, 베티는 채식주의 식당에서 먹고 싶어했어요.

스피킹 노하우를 하나하나씩 확실하게 이해해서 관련된 어떤 문장도 영어로 자신있게 만들어 말할 수 있게 해드립니다.

❸

실제로 일상 생활에서 많이 쓸만한 문장과 대화문을 영어로 만들어 말해보면서 영어 말하기의 진정한 실력자로 만들어 드립니다.

❹

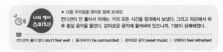

각 유닛에서 익힌 스피킹 노하우를 가지고 다양한 주제로 실생활에서 사용할 수 있는 영어 문장을 직접 완성해서 말해볼 수 있습니다.

목 차

  Part 1 기본기를 다지는 영어의 첫걸음

Unit 1   영어 문장의 구성   14

Unit 2   문장의 형식 다섯 가지   18

Unit 3   품사와 문장 성분의 이해   22

Unit 4   영어의 어순   26

Unit 5   동사의 분류   30

 Part 2 입에서 저절로 나오는 말이 되는 영어

Unit 1   **I'm working.**   36
         주어와 동사로 이루어진 1형식 문장으로 말하기

Unit 2   **It's cold outside.**   40
         it, there, 동명사를 주어로 써서 말하기

Unit 3   **I am extroverted.**   44
         주어, 동사, 보어로 이루어진 2형식 문장으로 말하기

Unit 4   **I like dancing.**   48
         주어, 동사, 목적어로 이루어진 3형식 문장으로 말하기

Unit 5   **She said she was feeling sick.**   52
         다른 사람이 한 말을 전하는 간접 화법으로 말하기

Unit 6   **I'll send you a text message.**   56
         주어, 동사, 두 개의 목적어로 이루어진 4형식 문장으로 말하기

Unit **7** **Do you feel like going out tonight?** *60*
동명사가 필요한 다양한 구문으로 말하기

Unit **8** **Take off your shoes and come in.** *64*
동사원형으로 시작하는 명령문으로 말하기

Unit **9** **I post a picture on social media every day.** *68*
일반적인 사실이나 습관을 표현하는 일반 동사의 현재 시제로 말하기

Unit **10** **My wife is attractive.** *72*
현재의 상태를 표현하는 be동사의 현재 시제로 말하기

Unit **11** **I'm bathing my baby.** *76*
지금 하고 있는 동작을 표현하는 현재진행형으로 말하기

Unit **12** **I was shy when I was young.** *80*
과거의 상태를 표현하는 be동사의 과거 시제로 말하기

Unit **13** **I ate already.** *84*
이미 한 일이나 이전에 했던 일을 표현하는 일반 동사의 과거형으로 말하기

Unit **14** **Please call me TY.** *88*
주어, 동사, 목적어, 목적격 보어로 이루어진 5형식 문장으로 말하기

Unit **15** **I saw you studying in the library.** *92*
목적격 보어로 현재분사나 과거분사를 쓰는 5형식 문장으로 말하기

Unit **16** **I was sleeping when you called me.** *96*
과거의 어느 시점에 하고 있던 동작을 나타내는 과거진행형으로 말하기

Unit **17** **I used to be very shy when I was young.** *100*
지금과는 다른 과거의 상태나 상황을 나타내는 used to로 말하기

Unit **18** **I've been to Spain three times.** *104*
과거의 일이 지금의 경험이나 결과로 남은 것을 나타내는 현재완료로 말하기

Unit **19** **We've been dating for six months.** *108*
과거에 시작한 일을 완료했거나 지금도 하고 있는 것을 나타내는 현재완료로 말하기

Unit **20** **I can give you a ride.** *112*
할 수 있다는 뜻의 조동사 can, could, be able to로 말하기

Unit 21 **You should bundle up.** 116
해야 한다는 뜻의 조동사 must, have to, should, had better로 말하기

Unit 22 **We might go to Italy, but we're not sure yet.** 120
추측을 나타내는 조동사 may, might과 be not sure if, be likely to로 말하기

Unit 23 **Could you please speak a little slower?** 124
부탁을 하거나 의향을 묻는 조동사 Would you ~? Could you ~?로 말하기

Unit 24 **I will travel to Europe this summer.** 128
앞으로 하려고 하는 일이나 계획을 나타내는 미래 시제로 말하기

Unit 25 **My car is covered with snow.** 132
무엇이 어떻게 되었다는 뜻의 수동태로 말하기

Unit 26 **Do you know what time the show starts?** 136
의문문을 목적어로 쓰는 간접의문문으로 말하기

Unit 27 **I wish I had 30 hours a day.** 140
바라는 것을 표현하는 I wish 가정법으로 말하기

Unit 28 **Oh, I shouldn't have said that.** 144
후회하는 뜻을 가진 had to, should[shouldn't] have p.p.로 말하기

Unit 29 **You're attracted to him, aren't you?** 148
상대방에게 하고 있는 말에 대해 확인하는 부가의문문으로 말하기

Unit 30 **I have a book to read.** 152
'어떤 사람', '어떤 무엇'이라고 명사를 꾸며주는 to부정사로 말하기

Unit 31 **I mean that guy who is wearing a pink shirt.** 156
사람과 사물을 부가 설명하는 관계대명사로 말하기

Unit 32 **Do you remember the park where we first met?** 160
장소나 시간을 부가 설명하는 관계부사 where, when으로 말하기

Unit 33 **It's so sweet of you to say that.** 164
'누가 어떻게 하는 것이 ~하다'라는 뜻의 가주어, 진주어 구문으로 말하기

Unit 34 **My sister is fluent in Chinese.** 168
상태나 성질, 크기, 색깔 등을 나타내는 형용사를 넣어 말하기

Unit 35 **It was such an exciting game.** 172
형용사 역할을 하는 현재분사와 과거분사로 말하기

Unit 36 **I'm sorry to hear that.** 176
형용사를 꾸며주는 to부정사로 말하기

Unit 37   **Thank you for understanding.**   *180*
감사하거나 미안한 마음을 나타내는 표현으로 말하기

Unit 38   **I'm going to the library to check out some books.**   *184*
목적을 나타내는 다양한 표현으로 말하기

Unit 39   **We don't have much time.**   *188*
양이나 수를 나타내는 many, much, (a) few, (a) little을 넣어 말하기

Unit 40   **I like listening to the radio or reading books.**   *192*
두 단어나 두 문장을 연결하는 접속사를 넣어 말하기

Unit 41   **Can I have some lukewarm water?**   *196*
어떤 것을 가리킬 때 쓰는 다양한 표현으로 말하기

Unit 42   **Your phone is on the kitchen table.**   *200*
장소나 방향을 나타내는 전치사를 넣어 말하기

Unit 43   **I get up at six in the morning.**   *204*
시간이나 때를 나타내는 전치사를 넣어 말하기

Unit 44   **I'll be back in thirty minutes.**   *208*
목적어가 필요 없는 동사구로 말하기

Unit 45   **May I try this on?**   *212*
목적어가 필요한 동사구로 말하기

Unit 46   **When I'm stressed, I crave something spicy.**   *216*
때나 상황을 가리키는 when, whenever, if를 넣어 말하기

Unit 47   **Though it's hot, it's not humid.**   *220*
이유를 나타내는 because와 '~이긴 하지만'을 나타내는 though를 넣어 말하기

Unit 48   **Being on a diet, I didn't eat a lot.**   *224*
접속사와 주어를 포함하는 뜻을 가진 분사구문으로 말하기

기본기를
다지는
영어의 첫걸음

UNIT 1 영어 문장의 구성

● 다음 각각의 문장이 완전하지 않은 이유를 생각해 보고 문장을 올바르게 다시 써 보세요.

1) We love.

_____

2) My friends at my place.

_____

태연 쌤's 말이 되는 **문장의 구성**

1)번에서 We love를 해석하면 '우리는 사랑한다'니까 말이 되는 것 같지만 love는 뒤에 누구를 사랑하는지 써야 해요.(예: We love each other. We love our dog. We love animals.) 2)번 My friends at my place.에는 동사가 없습니다. 따라서 My friend와 at my place 사이에 동사를 넣어야 문장이 완성돼요.(예: My friends are at my place. My friends came to my place. My friends visited my place.)

가장 간단한 영어 문장의 구조는 '주어 하나, 동사 하나'입니다. '누가'에 해당하는 주어와, '어떻게 하다, 어떻게 했다'에 해당하는 동사가 필요해요. 동사에 따라 뒤에 '무엇을, 누구를'에 해당하는 목적어나 보어가 필요한 경우에는 그 말을 꼭 써야 합니다.

★ 문장에 필요한 건?

• 문장에는 주어 하나, 동사 하나가 필요하다. (Oh! Ouch! Really? What? 등은 제외)

나는 요리를 해.	<u>I</u> <u>cook</u>. 주어 동사
내 여동생은 수영을 해.	<u>My sister</u> <u>swims</u>. 주어 동사
조깅하세요?	<u>Do</u> <u>you</u> <u>jog</u>? 조동사 주어 동사
스키 탈 줄 아세요?	<u>Can</u> <u>you</u> <u>ski</u>? 조동사 주어 동사

SELF
CHECK

1.

● **다음 우리말의 뜻이 되도록 단계적으로 영어로 써 보세요.**

1) 우리 아빠는 달리기를 하셔.

우리 아빠는 _____
   ▶ 영어로는 '내 아빠'라고 씁니다.

우리 아빠는 달리기를 하셔. _____
   ▶ '달리다'는 run인데 '우리 아빠'라는 주어는 너, 나 아닌 다른 한 사람이라 동사에 s를 붙입니다.

2) 나는 일을 하고 있는 중이야.

나는 _____

나는 일을 하고 있는 중이야. _____
   ▶ '일하다'는 work인데, '내가 ~를 하고 있는 중이다'는 am -ing로 씁니다.

- **I get up at six a.m.** ('몇 시에, 언제, 어디서'와 같은 수식어가 들어감)
  나는 아침 6시에 일어난다.

- **He is funny.** (주어에 대해서 설명하는 주격 보어가 들어감)
  그는 웃기다.

- **I love exercising.** (동사의 대상인 목적어가 들어감)
  나는 운동하는 걸 아주 좋아한다.

- **He sent me roses.** ('누구에게, 무엇을'이라는 간접목적어와 직접목적어가 들어감)
  그가 나에게 장미를 보냈다.

- **I found her smart.** ('누구를, 어떠한'이라는 목적어와 목적격 보어가 들어감)
  나는 그녀가 똑똑하다는 걸 알게 되었다.

SELF CHECK

● 다음 우리말의 뜻이 되도록 보기에서 맞는 것을 골라 빈칸에 채워 넣고 말해 보세요.

보기	a good singer	me	the door	in Busan
	some food	open	dogs	

1) 저는 부산에 살아요.

   I live _____.

2) 제 남동생은 노래를 잘 해요.

   My brother is _____.

3) 우리는 강아지를 아주 좋아해요.

   We love _____.

4) 친구가 저에게 먹을 것을 갖다 줬어요.

   My friend brought _____ _____.

5) 문은 열어 두세요.

   Please leave _____ _____.

★ 문장이 되려면?

- 주어 하나, 동사 하나가 있어야 한다. ('Really? 정말? Oh! 오! Wow! 와우! Ouch! 아야!' 와 같은 말들은 제외)
- 동사만으로 의미가 완전하게 전달되는 경우에는 주어와 동사만으로도 문장이 된다.
- 동사 뒤에 행위나 동작의 대상인 목적어가 필요한 경우 목적어를 쓴다.
- 주어와 동사, 혹은 주어, 동사, 목적어만으로 의미가 불완전한 경우에는 보어를 쓴다.

FINAL CHECK

● 다음 주어진 문장이 완전한 문장이 아닌 이유를 적어 보세요.

1) I one apple and a glass of milk.

   _____

2) I a bike this morning.

   _____

3) We helped yesterday.

   _____

4) He made alone.

   _____

5) It's becoming these days.

   _____

✎ 태연쌤의 말이 되는 세 문장 정리!

문장이 되려면 주어 하나, 동사 하나가 있어야 한다.

'~해!'라고 말할 때나, 느낌을 넣어 감탄하는 문장에는 주어가 없을 수도 있다.

동사에 따라 문장의 뜻이 완전하지 않아서 동사 뒤에 다른 말을 더 써야 하는 문장들도 있다.

UNIT 2 문장의 형식 다섯 가지

WARMING
UP TEST!
● 두 문장 중에서 틀린 것에 **X** 표시를 해 보세요.

1) I'm working here.　　(　)　　　　I'm working my book.　(　)

2) Yoon was a student.　(　)　　　　Yoon was last year.　(　)

3) He texted to me.　　(　)　　　　He texted me.　　　　(　)

태연 쌤's 말이 되는　**문장의 종류**

1)번에서는 I'm working here.가 맞고, I'm working my book.은 틀립니다. 왜냐하면 work라는 동사는 그 자체로, '일하다, 공부하다'라는 뜻이라서, 뒤에 목적어를 쓰지 않기 때문이에요. 만약에 어떤 책 작업을 한다, 어떤 프로젝트의 작업을 한다고 할 때는 work on 뒤에 목적어를 써서 I'm working on my book. I'm working on my project.와 같이 말할 수 있어요. 2)번에는 Yoon was a student.는 맞고, Yoon was last year.는 틀린 문장인데요, was는 '~였다, 어떠했다, 어디에 있었다'라는 뜻으로 뒤에 다른 말이 더 와야 해요. 그러니까 Yoon was in Japan last year. Yoon was busy last year.과 같이 말해야 완전한 의미를 전할 수 있어요. 그리고 3)번에서 He texted to me.는 틀리고, He texted me.가 맞는 문장입니다. text는 '누구에게 문자를 보내다'라는 뜻의 동사로 바로 뒤에 '누구를'에 해당하는 말을 써야 해요. 그래서 I'll text you. 또는 Will you text me?와 같이 쓰는 게 맞습니다.

동사는 그 하나로 의미가 완전한지, 뒤에 '누구를, 무엇을'에 해당하는 말을 써야 하는지, 아니면 다른 말이 더 있어야 완전한 의미가 되는지 잘 이해하고 써야 합니다.

★ 문장의 1, 2, 3형식

- **1형식** 주어와 동사만으로 말이 되는 문장

  I swim. (swim: 수영하다) 저는 수영을 해요.

  I run. (run: 뛰다, 달리다) 저는 달리기를 해요.

  I jog. (jog: 조깅하다) 저는 조깅을 해요.

- **2형식** 주어와 동사 뒤에 보어를 써야 말이 되는 문장

  My name is <u>Taeyeon Kim</u>. (My name=Taeyeon Kim) 제 이름은 김태연입니다.

  This coffee smells <u>sweet</u>. (This coffee=sweet) 이 커피는 냄새가 달콤하다.

  It's getting <u>cold</u>. (It=cold) 날씨가 점점 추워지네요.

- **3형식** 주어와 동사 뒤에 목적어가 있어야 말이 되는 문장

  I eat <u>spicy food</u>. 나는 매운 음식을 먹어.

  I enjoy <u>basketball</u>. 나는 농구를 즐겨 해.

  I watch <u>TV</u>. 나는 텔레비전을 봐.

- 다음 문장이 몇 형식 문장인지 쓰세요.

  1) She has a dog. (　　　)형식

  2) This tea smells great. (　　　)형식

  3) We exercise every day. (　　　)형식

  4) I practice dancing five times a week. (　　　)형식

  5) We really love each other. (　　　)형식

• **4형식**　주어와 동사 뒤에 '누구에게'와 '무엇을'에 해당하는 말이 필요한 문장

Will you get <u>me</u> <u>some water</u>? 나에게 물 좀 갖다 줄래?
　　　　　나에게　　물을

I'll send <u>you</u> <u>an email</u>. 내가 너에게 이메일을 보낼게.
　　　　너에게　이메일을

Can you teach <u>us</u> <u>Korean</u>? 우리에게 한국어를 가르쳐 줄래?
　　　　　　우리에게　한국어를

• **5형식**　주어와 동사 뒤에 목적어와 목적어와 관련되는 보어가 있어야 하는 문장

Please call <u>me</u> <u>Yoon</u>. (me=Yoon) 나를 윤이라고 불러줘.
　　　　나를　윤이라고

I found <u>him</u> <u>trustable</u>. (him=trustable) 나는 그 사람을 믿을 수 있다는 걸 알았어.
　　　그 사람을 믿을 수 있다는 걸

We saw <u>you</u> <u>getting in a car</u>. 우리는 네가 차에 타는 걸 봤어.
　　　　네가　차에 타는 걸

SELF
CHECK

2.

● 우리말의 뜻이 되도록 단어를 어순에 맞게 배열해서 써 보세요.

1) 내가 책 한 권 갖다 줄게. (I'll, a book, you, get)

_____

2) 내가 노래하는 거 들었어? (you, did, me, singing, hear)

_____

문장 안에 주어, 동사, 보어, 목적어 중에서 어떤 것이 있느냐에 따라서 분류한 것이다.

- 주어와 동사만으로 말이 되는 문장: 1형식
- 주어와 동사 뒤에 보어를 써야 말이 되는 문장: 2형식
- 주어와 동사 뒤에 목적어가 있어야 말이 되는 문장: 3형식
- 주어와 동사 뒤에 '누구에게'와 '무엇을'에 해당하는 말이 필요한 문장: 4형식
- 주어와 동사 뒤에 목적어와 목적어와 관련되는 보어가 있어야 하는 문장: 5형식

FINAL
CHECK

● 동사 뒤에 아무 것도 쓰지 않아도 되는 것에는 O, 다른 단어를 써야 하는 것에는 X를 쓰세요.

1) She's making.   (   )

2) He can skate.   (   )

3) My mother and I are.   (   )

4) Can I call?   (   )

5) The weather is getting.   (   )

✎ 태연쌤의 말이 되는 세 문장 정리!

동사의 성격과 의미, 쓰임을 정확하게 이해하라.

어떤 동사는 뒤에 아무 것도 없이 그 자체로 완전한 뜻을 가진다.

어떤 동사는 뒤에 목적어나 보어가 한 개 혹은 두 개 필요하다.

UNIT 3 품사와 문장 성분의 이해

● 다음 문장들이 틀린 이유를 적어 보세요.

1) I like swim.

_____

2) His sister is very.

_____

3) Mike draws animals very good.

_____

태연 쌤's 말이 되는 품사와 문장 성분

1)번에서 내가 수영하는 것을 좋아한다고 할 때 like의 목적어로 swim은 쓸 수가 없고 swimming이라고 해야 해요. 그리고 2)번에서는 그의 여동생이 어떠하다고 알려 주는 is 뒤에 오는 말로 very라는 부사는 쓸 수 없고, cute 같은 형용사를 써야 합니다. 3)번에서는 마이크가 동물들을 아주 잘 그린다고 할 때 very good이 아니라 very well이라고 써야 해요.

swim이라는 동사는 목적어가 될 수 없고, swimming이라는 동명사는 목적어가 될 수 있습니다. is 뒤에 쓰는 보어로 형용사는 쓸 수 있지만, 부사만 단독으로는 쓸 수 없어요. 이렇게 모든 품사는 각각 문장 성분에서 자기가 해야 하는 역할이 있습니다. 각각의 문장 성분이 될 수 있는 품사와 형태가 다르다는 걸 이해하면 영어 문장을 만들고 말하기는 쉬워집니다.

★ 품사란?

영어의 8품사라는 것은 영어의 단어들을 8개의 종류로 나누어 놓은 것입니다. 어느 자리에 있어도 각자의 품사는 바뀌지 않습니다.

영어의 8품사

- **명사** apple(사과), Jake(제이크라는 사람 이름), dream(꿈), hope(희망) 등 우리 주변의 모든 것들의 이름을 가리키는 말

- **대명사** this(이것), that(저것), these(이런 것들), those(저런 것들) 혹은 which(어떤 것), what(무엇)과 같이 명사를 지칭해서 다르게 부르는 말

- **동사** eat(먹다), run(달리다), swim(수영하다), walk(걷다), drink(마시다), sing(노래하다)과 같이 사람이나 사물의 움직임이나 상태 등을 나타내는 말

- **형용사** red(빨간), cute(귀여운), high(높은), beautiful(아름다운), cool(멋진), one(하나), rough(거친)와 같이 명사의 모양, 크기, 성질, 개수, 색깔 등을 묘사하고 표현하는 말

- **부사** fast(빠르게), nicely(멋지게), very(아주, 매우), too(너무)와 같이 동사나 형용사, 다른 부사, 혹은 문장 전체를 더 자세하게 설명해 주는 말

- **전치사** at(~에), on(~위에)과 같이 명사나 대명사 앞에 써서 위치나 장소, 시간 등을 나타내는 말

- **접속사** and(그리고), but(그러나)과 같이 단어와 단어 혹은 문장과 문장을 연결해 주는 말

- **감탄사** wow(와), oops(이런)와 같이 기쁠 때나 슬플 때, 화가 났을 때의 감정을 표현하는 말

SELF CHECK

● **다음 단어들의 품사를 적어 보세요.**

1) memorize _____

2) a dog _____

3) wow _____

4) put _____

5) pretty _____

6) very _____

7) but _____

8) in _____

9) meet _____

10) ouch _____

11) they _____

12) run _____

문장 성분이라는 건, 각각의 단어가 문장 안에서 하는 역할을 뜻합니다. 문장 안에서 어떤 역할을 하느냐에 따라 다르게 불립니다.

영어의 문장 성분

• **주어**는 행동의 주체가 되는 말로 '−은, −는, −이, −가'에 해당하는 말입니다.

• **술어**는 사람이나 사물의 동작이나 움직임을 나타내는 말로 '−다'에 해당하는 말입니다.

• **목적어**는 동사가 나타내는 행위의 대상을 가리키는 말로 '−을, −를'에 해당하는 말입니다.

• **보어**는 동사만으로는 의미가 충분하지 않아 주어나 목적어를 보충해서 설명해 주는 말입니다.

• **수식어**는 명사를 꾸며 주거나 장소, 방법, 시간 등을 나타내는 말입니다.

SELF CHECK

2.

• 문장 속에서 다음 단어들이 하는 역할(문장 성분)을 적어 보세요.

1) I   have   a dog.

    _____   _____   _____

2) Mike and I   like   each other.

    _____   _____   _____

3) I   drive   to work.

    _____   _____   _____

★ 품사와 문장 성분의 관계

- 명사와 대명사는 주어, 목적어, 보어의 역할을 할 수 있다.
- 동사는 술어의 역할을 할 수 있다.
- 형용사는 수식어, 보어의 역할을 할 수 있다.
- 부사는 술어, 보어의 역할을 할 수 있다.
- 전치사는 명사 앞에 쓰고, 술어, 보어의 역할을 할 수 있다.
- 접속사는 단어와 단어 또는 문장과 문장을 연결하는 역할을 할 수 있다.

FINAL CHECK

● 보기에 있는 단어들 중에서 빈칸에 넣을 수 있는 말을 골라 완성하세요.

보기   is very her funny at and exercise boyfriend

1) I usually eat breakfast _____ 7 a.m.

2) My girlfriend is _____.

3) Mike _____ smart and humorous.

4) My _____ _____ I _____ every day.

태연쌤의 말이 되는 세 문장 정리!

품사는 안 바뀐다.

문장 성분은 문장 안에서 어떤 역할을 맡느냐에 따라서 바뀐다!

모든 품사가 모든 문장 성분이 다 될 수 있는 것은 아니다!

영어의 어순

● 다음 문장들을 영어의 어순에 맞게 바르게 다시 써 보세요.

1) 나는 일요일에는 10시까지 자.

I, on Sunday, sleep, until 10 a.m.

_____

2) 윤은 살을 빼려고 저녁은 안 먹어.

Yoon, to lose, weight, dinner, skips

_____

태연 쌤's 말이 되는 ▶ 영어의 어순

영어의 어순은 우리말과 달라요. 우리말로는 "나는 딸기를 좋아해."라고 말하죠? 주어, 목적어, 동사의 순서로 말입니다. 그런데 영어로는 "I love strawberries."라고 해요. 주어, 동사, 목적어의 순서입니다. 그래서 1)번 문장은 주어(I), 동사(sleep), 수식어(until 10 a.m., on Sunday) 순으로 써야 해요. 2)번 문장은 주어(Yoon) 동사(skips), 목적어(dinner), 수식어(to lose weight) 순으로 써야 합니다.

영어 문장의 어순은 이것만 기억하세요. 누가, 어떻게 했다, 무엇을 혹은 누구를. 그리고 그 뒤에 '어디서, 언제, 왜, 누구랑'과 같은 말을 이어 쓰는 겁니다. 어떤 것을 앞에 쓰고 또 어떤 것을 뒤에 쓰는 지는 영어 문장을 많이 읽고 말하면서 자연스럽게 익힐 수 있고, 이 책의 파트 2에서도 배울 수 있습니다.

★ 한국어의 어순? VS. 영어의 어순?

영어 문장의 어순

• 누가 뭐뭐한다(목적어가 없는 경우)

• 누가 뭐뭐한다 무엇을/누구를(목적어가 있는 경우)

나는 건강을 위해서 전보다 덜 먹고 운동을 많이 하기로 했어.
　주어　　수식어　　　　　목적어　　　　　동사

▶ I decided to eat less than before and to exercise more for my health.
　주어　동사　　　　　　　목적어　　　　　　　　수식어

SELF
CHECK

1.

● 우리말의 뜻이 되도록 주어진 단어들을 어순에 맞게 배열해서 써 보세요.

1) 나는 배고파. (hungry, I, am)

＿＿＿＿＿＿＿＿＿＿＿＿＿＿＿＿＿＿＿＿＿＿

2) 내가 내일 너한테 전화할게. (call, I, will, tomorrow, you)

＿＿＿＿＿＿＿＿＿＿＿＿＿＿＿＿＿＿＿＿＿＿

3) 나한테 문자 보내 줘. (text, please, me)

＿＿＿＿＿＿＿＿＿＿＿＿＿＿＿＿＿＿＿＿＿＿

4) 나는 아침에 달리는 걸 좋아해. (in the morning, I, running, like)

＿＿＿＿＿＿＿＿＿＿＿＿＿＿＿＿＿＿＿＿＿＿

★ 좀 더 긴 영어 문장의 어순

- 누구는 뭐뭐한다 (+ 어디서 + 어디로 + 언제 + 누구랑 + 왜, 뭐하러)

  I exercise at a gym with my friend every day.
  나는 매일 친구랑 헬스클럽에서 운동을 해.

- 누가 뭐뭐한다 무엇을/누구를 (+ 어디서 + 어디로 + 언제 + 누구랑 + 왜, 뭐하러)

  He sends me lovely messages every morning.
  그는 매일 아침에 나에게 사랑스러운 메시지를 보내 줘.

- 누가 뭐뭐한다 무엇을/누구를 뒤에 붙일 수 있는 말들

  누구랑 with my mother, with my friends, with Hoon, with Larry

  뭐하러 to pick up my son, to get some food, to return the books, to lose weight

  어디에서 at home, on the second floor, in Busan

  언제, 몇 시에 at 7:20, at 10 o'clock, at noon, at midnight

  어떻게 by bus, by train, by subway, on foot

● 우리말의 뜻이 되도록 보기에서 적당한 말을 골라 문장을 완성하세요.

> 보기   by subway   with my mother   to pick up his son   once a week

1) 나는 일주일에 한 번 엄마랑 쇼핑을 가.

   I go shopping _____ _____.

2) 그는 아들을 데리러 전철을 타고 공항에 갔어.

   He went to the airport _____ _____.

- 영어 문장은 '누가, 뭐뭐한다, 무엇을/누구를'의 순서로 말한다.
- '누가(주어), 뭐뭐한다(동사), 무엇을/누구를(목적어)' 뒤에 어디서, 언제, 누구랑, 왜, 어떻게 등의 말을 붙일 수 있다.
- 보통 주어, 동사 뒤에 목적어나 보어를 먼저 쓰고 나머지를 이어 쓴다.

● 우리말의 뜻이 되도록 주어진 단어들을 어순에 맞게 배열하여 써 보세요.

1) 나와 남자친구는 일주일에 두 세 번 저녁을 같이 먹어.

(two or three times a week, have, together, my boyfriend and I, dinner)

_____

2) 내가 아침에 부모님께 전화를 드렸어.

(called, I, this morning, my parents)

_____

3) 네가 올 수 있을 때 언제든지 우리 집에 와.

(to, come, whenever, you, can, my place)

_____

✏ 태연쌤의 말이 되는 세 문장 정리!

영어로 말할 때는 '누가, 뭐뭐한다'를 먼저 생각하라!

필요할 때는 '누가, 뭐뭐한다' 뒤에 '무엇을, 누구를'에 해당하는 말을 써라!

'어디서, 언제, 누구랑, 어떻게, 왜'와 같은 말은 덩어리로 기억하라!

UNIT 5 동사의 분류

WARMING UP TEST! ● 다음 문장에서 잘못된 부분을 찾아 바르게 고쳐 써 보세요.

1) Joon be working at a coffee shop.

　　　　_____

2) Are you live here?

　　　　_____

3) My father cans play the piano.

　　　　_____

태연 쌤's 말이 되는 **영어의 동사들**

1)번 문장에서는 Joon이라는 주어 뒤에 be를 그대로 쓰는 게 아니라 주어에 맞게 is라고 써야 하고요, 2)번 문장에서는 주어인 you 뒤에 있는 동사가 일반 동사(live)라서 Are가 아니라 Do를 넣어 Do you live here?이라고 써야 합니다. 그리고 3)번 문장에서는 can이 조동사인데요, can은 주어가 어떤 것이든 모양이 변하지 않습니다. 그러니까 My father can play the piano.라고 써야 해요.

영어 문장을 자유자재로 말할 수 있으려면 동사에 어떤 종류가 있는지 알고 있는 게 도움이 됩니다. 동사는 크게 be동사, 조동사, 그리고 일반동사로 나눌 수 있어요. 이 중에서 be동사와 조동사는 의문문을 만드는 방법이나 부정문을 만드는 방법, 빈도부사를 넣는 위치 등이 같고, 일반 동사의 특징은 별도로 기억해야 합니다.

★ be동사와 조동사

주어와 시제에 따른 be동사의 형태

- **현재시제** am, are, is

  I am, You are, She is, He is, It is, We are, They are, My dog is, This bag is, Those shoes are

- **과거시제** was, were

  I was, She was, He was, It was, You were, They were, We were

- **미래시제** will be(모든 주어에 똑같이 쓴다.)

조동사의 여러 가지 종류

- 동사 앞에 써서 의미를 더해주는 것들: will, may, might, can, could, should 등
- 의문문이나 부정문을 만들어주는 것들: don't, didn't, Do you, Did you
- 동사의 의미를 강조하는 것: do/does/did + 일반동사의 원형
- 현재완료에 쓰는 것: have/has p.p.
- 부가의문문(꼬리의문문)에 쓰는 것: do you? does he? are you? is he? is it?

be동사와 조동사가 있는 의문문

be동사나 조동사를 주어 앞으로 보낸다. (Are you ~? Is she ~? Is it ~? Are they ~? 등)

be동사와 조동사가 있는 부정문

be동사나 조동사 뒤에 not을 붙인다. (I'm not, You're not, They can't, She hasn't been 등)

SELF CHECK ● 주어에 맞는 동사의 형태를 써 넣으세요.

1) 우리 아빠는 영어를 배우고 계셔.

   My father _____ learning English. (be)

2) 그는 우리 동료가 될 거야.

   He _____ our co-worker. (be)

3) 켈리는 수영 못 해.

   Kelly _____ swim. (can)

4) 그녀는 외국에 가본 적이 없어

   She _____ been abroad. (has)

★ 일반 동사

- 일반 동사는 주어와 시제에 따라 다른 형태를 쓴다.
- 일반 동사의 현재 시제에서 주어가 3인칭 단수일 때 단어 끝에 s나 es를 붙인다.
- 물어볼 때는 Do ~ 동사원형?, Does ~ 동사원형?, Did ~ 동사원형으로 쓴다.
- 부정문을 만들 때는 don't, doesn't, didn't 뒤에 동사원형을 쓴다.

I usually finish work at 5. 나는 보통 5시에 일을 끝내.

My husband comes home around 8 today. 남편은 오늘 8시쯤에 집에 와요.

My husband and I try to spend more quality time together.
남편이랑 저는 같이 의미 있는 시간을 더 많이 보내려고 노력해요.

Does he speak Korean? 그 사람 한국어 해?

I didn't have lunch. 나 점심 안 먹었어.

● 괄호 안의 동사와 다른 것을 넣어, 우리말 뜻에 맞게 빈칸을 완성하세요.

1) 우리 아빠는 매일 헬스클럽에 가서.

My father _____ to the gym every day. (go)

2) 네 남자친구 여기서 일해?

_____ your boyfriend _____ here? (work)

3) 그 사람은 스포츠를 좋아하지 않아.

He _____ _____ sports. (like)

★ be동사, 조동사, 일반동사

- be동사는 주어와 시제에 따라 am, is, are, was, were, will be 중에서 맞는 것을 쓴다.
- be동사와 조동사가 있는 문장의 의문문, 부정문을 만드는 방법이 같다.
- eat, have, swim, do, run과 같은 일반 동사는 주어가 너, 나 말고 다른 하나일 때 단어 뒤에 s나 es를 붙인다.
- 일반 동사가 있는 의문문은 「Do/Does/Did + 주어 + 동사원형 ~?」의 형태로 쓴다.
- 일반 동사가 있는 부정문은 주어와 시제에 따라 「don't/doesn't/didn't + 동사원형」의 형태로 쓴다.

FINAL CHECK

● 괄호 안의 동사를 어법에 맞게 바꿔 써 넣어 문장을 완성하세요.

1) 마이크는 운동 신경이 좋아요.

　　Mike ＿＿＿＿＿＿＿＿＿ athletic. (be)

2) 저 여자애가 네 여동생이야?

　　＿＿＿＿＿＿＿＿＿ that girl your little sister? (be)

3) 우리 부장님이 좀 늦으실 것 같아.

　　Our boss ＿＿＿＿＿＿＿＿＿＿＿ a little late. (might, be)

4) 내 여동생은 주말에 테니스를 쳐.

　　My sister ＿＿＿＿＿＿＿＿＿ tennis on the weekend. (play)

🖉 태연쌤의 말이 되는 세 문장 정리!

be동사는 주어와 시제에 따라 맞는 것을 써라!

의문문에서는 be동사나 조동사를 주어 앞으로, 부정문에서는 뒤에 not을 붙여라!

일반 동사는 주어와 시제에 따라 모양이 바뀌며 의문문과 부정문을 만들 때는 do, does, did 의 도움을 받는다!

Part

2

입에서
저절로 나오는
말이 되는 영어

I'm working.

나 일하고 있어.

주어와 동사로 이루어진 1형식 문장으로 말하기

태연 쌤's 말이 되는 **1형식**

친구와 수다를 떨고 싶어서 전화를 걸었어요. 뭐하냐고 물어보니 친구는 "I'm working.(나 일하고 있어.)"이라고 하네요. 이렇게 간단히 주어와 동사만을 가지고 말하는 문장이 1형식이에요. work(일하다, 공부하다), swim(수영 하다), run(달리다, 뛰다), sleep(자다)과 같은 동사들은 뒤에 아무것도 쓰지 않아도 의미가 통하잖아요? 앞에 주 어를 쓰고 이런 동사들을 시제에 맞게 써서 "I swim.(나 수영해.)", "I swam.(나 수영했어.)", "I will swim.(나 수 영할 거야.)"처럼 말하면 됩니다. 문장의 형식은 주어와 동사 다음에 목적어가 있는지, 목적어가 있다면 몇 개인지 그리고 보어가 필요한지를 파악해 결정하는데요, 1형식은 이 중에서 주어와 동사만 있으면 되는 문장을 말해요. 1형식 문장이라도 시제에 변화를 주거나 뒤에 부수적인 설명을 붙여서 다양하게 말할 수 있습니다. '누가 ~하다' 라고 말할 때는 주어 다음에 다양한 시제의 동사를 써서 1형식 문장으로 말해 보세요.

★ 스피킹 노하우 1

주어 뒤에 1형식 동사를 다양한 시제로 쓰세요.

일반적인 일을 말할 때는 현재 시제를, 이미 일어났던 일을 말할 때는 과거 시제를, 지금 하고 있는 중인 것을 말할 때는 현재진행형(be -ing)을, 앞으로 할 일을 말할 때는 미래 시제(will, be going to)를, 과거에 시작해서 지금까지 계속 하고 있거나, 경험을 말할 때는 현재완료 시제(have/has p.p., have/has been -ing)를 쓰면 됩니다.

I **run**. 나는 달리기를 해.

We're **eating**. 우리 식사 중이야.

Mike **walked**. 마이크는 걸었어.

My wife **is going to cook**. 아내가 요리를 할 거야.

Arman and Yoon **have been dating**. 아르만과 윤은 사귀고 있어.

우리말과 같은 뜻이 되도록 괄호 안의 동사를 이용해서 영어 문장을 완성해 보세요.

1) 나랑 남자친구는 수영을 해.

   My boyfriend and I _____. (swim)

2) 아들은 자고 있어.

   My son _____. (sleep)

3) 그런 일도 생기는 거죠.

   It _____. (happen)

4) 저것 봐! 해가 뜨고 있어.

   Look! The sun _____. (rise)

5) 계획이 바뀌었어요.

   The plan _____. (change)

괄호 안의 단어를 이용해서 우리말 대화를 영어로 완성해 보세요.

1) A: 네가 요리 했어?

   Did you _____? (cook)

   B: 아니, 남편이 요리를 했어.

   No, my husband _____. (cook)

2) A: 제니는 무얼 했니?

   What did Jenny do?

   B: 제니는 조깅을 했어요.

   Jenny _____. (jog)

3) A: 식사했어요?

   Did _____? (eat)

   B: 지금 먹고 있어요.

   I _____ now. (eat)

1형식 문장에서는 동사를 다른 단어와 결합된 덩어리 형태로도 쓸 수 있어요.

동사와 전치사 혹은 동사와 부사가 덩어리를 이뤄 하나의 의미를 가지는 것들이 있습니다. get in은 '차에 타다', get on은 '버스나 기차에 타다', get off는 '버스나 기차에서 내리다', get rid of는 '~를 없애다, 제거하다'라는 뜻이 됩니다. 이런 단어들은 덩어리째로 있을 때 무슨 뜻인지 기억하고 쓰세요.

> 예 get in 차에 타다 | get on 버스나 기차, 전철에 타다 | get off 내리다 | get rid of ~ ~를 없애다, 제거하다 | stand up 일어나다 | run away 달아나다, 도망가다 | go away 가버리다 | turn around 돌아보다 | fall off 떨어지다 | sleep in 늦게까지 푹 자다 | work out 운동을 하다(특히 근력 운동을 하다) | wake up 잠에서 깨다 | break down 고장 나다 | get along 서로 잘 지내다

We **got in** the car. 우리는 차에 탔어.

Yuna is **getting on** the bus. 유나가 버스에 타고 있네.

All of us **stood up**. 우리는 모두 일어났어.

The thief **ran away**. 도둑이 도망갔어.

I will **work out**. 나는 근력 운동을 할 거야.

My car **broke down**. 내 차가 고장 났어.

Ed and I are **getting along**. 에드와 나는 잘 지내고 있어.

1형식 문장에 '언제, 얼마나 자주, 누구랑, 어디서, 어디로, 왜'와 같은 말을 써서 내용을 보충해 주세요.

> 예 this morning 오늘 아침에 | every day 매일 | once a week 일주일에 한 번 | with my friend 친구랑 | five years ago 5년 전에 | on foot 걸어서

It **rained** this morning. 오늘 아침에 비가 왔어.

I **eat** regularly. 저는 규칙적으로 식사를 해요.

My father **jogs** every morning. 우리 아빠는 매일 아침에 조깅을 하셔.

My family **stayed** there for a long time. 우리 가족은 거기에서 오래 있었어.

We **traveled** in Sweden for four days. 우리는 스웨덴을 나흘 동안 여행했어.

스피킹 연습 2-1

보기에서 알맞은 단어를 골라 괄호 안에 주어진 단어와 결합하여 우리말에 맞게 빈칸을 채우세요.

보기 away   off   back   in   around

1) 나는 일요일에는 늦게까지 푹 자.

   _____ on Sunday. (sleep)

2) 그가 가버렸어.

   _____. (go)

3) 케이트가 돌아봤어.

   _____. (turn)

4) 이런, 꽃병이 떨어졌네.

   Oh, _____. (fall)

스피킹 연습 3-1

다음 밑줄 친 부분의 뜻에 맞게 빈칸을 채우세요.

1) 마이클은 일주일에 세 번, 7시 전에 일어나요.

   Michael wakes up _____.

2) 걔네 3년 전에 헤어졌어.

   They broke up _____.

3) 뭐 좀 여쭤보려고 전화 드렸어요.

   I'm calling _____.

4) 딸은 자기 방에서 책을 읽고 있어요.

   My daughter is reading _____.

● 다음 우리말을 영어로 말해 보세요.
저는 아침에 일찍 일어나요. 저는 매일 운동을 합니다. 아침에는 수영을 해요. 저녁에는 달리기를 하죠. 그리고 규칙적으로 식사를 합니다.

일찍 일어나다 get up early | 운동하다 exercise | 수영을 하다 swim | 달리다 run | 규칙적으로 regularly

UNIT 2

It's cold outside.

밖에 추워.

 태연 쌤's 말이 되는 **주어로 쓰는 it, there, 동명사**

출근을 해야 하는데 밖이 너무 추운 것 같아 나갈 엄두가 나지 않아서 아침에 일찍 강아지를 산책 시키고 들어 온 남편에게 밖에 날씨가 어떠냐고 물었어요. 남편은 "It's cold outside.(밖에 추워.)"라고 하네요. 이렇게 it처럼 '누가'나, '무엇이'로 해석되지 않는 것들도 주어 자리에 쓸 수 있어요. '(날씨가) 춥다, 덥다, (거리가) 멀다, 가깝다, 밝다, 어둡다'와 같은 말을 할 때는 주어 자리에 it을 씁니다. 어디에 무엇이 있다고 말할 때는 주어 자리에 there을 쓰고 뒤에 「동사 + 주어 + 장소」의 순서로 쓸 수 있어요. 이때 주어 자리에 쓴 it과 there은 따로 해석 하지 않습니다. 또 동사원형에 ing를 붙인 동명사도 주어가 될 수 있는데요, '~하는 것'이라고 해석하면 됩니다. 날씨, 거리, 밝기, 시간, 요일, 날짜 등을 나타낼 때는 주어로 it을, 어디에 무엇이 있다고 말할 때는 주어로 there 을, '~하는 것은'으로 말할 때는 주어로 동명사를 써서 말해 보세요.

★ 스피킹 노하우 1

날씨, 요일, 시간, 날짜, 밝기, 거리 등을 나타낼 때 주어 자리에 it을 쓰세요.

날씨나 밝기, 요일, 시간, 거리 등을 나타낼 때 주어 자리에 it을 쓰는데요, "It's too hot.(너무 덥다.)"에 서 It은 날씨, "It's getting dark.(점점 어두워지고 있네.)"에서 It은 밝기를 나타냅니다. 이때 It은 따로 해석을 하지 않는 점을 주의하세요.

It's stuffy in here. 이 안은 답답하네요.

It's scorching. 푹푹 찌네요.

Isn't it too bright? 너무 밝지 않니?

How far is it to the airport? 공항까지 얼마나 멀어요?

It's been a long time since we hung out. 우리 만나서 논 지 너무 오래 됐다.

우리말과 같은 뜻이 되도록 괄호 안의 단어를 이용해서 영어 문장을 완성해 보세요.

1) 오늘 꽤 바람이 세다.

   _____. (pretty, windy)

2) 한국의 여름은 덥고, 끈적거리고, 습하죠.

   _____ in summer in Korea. (hot, sticky, humid)

3) 지금 7시 5분 전이야.

   _____. (to)

4) 오늘이 무슨 요일이지?

   _____? (day, today)

5) 우리 만난 지 아주 오래됐네.

   _____ since we met. (a long time)

괄호 안의 단어를 이용해서 우리말 대화를 영어로 완성해 보세요.

1) A: 여기서 너무 멀지 않아?

   _____ from here? (far)

   B: 아니, 별로. 걸어서 십분 걸려.

   No, not really. _____ about 10 minutes on foot. (take)

2) A: 아, 밖에 비가 오네.

   Oh, _____ outside. (rain)

   B: 응, 어제보다 더 춥네.

   Yes, _____ than yesterday. (colder)

★ 스피킹 노하우 **2**

어디에 무엇이 있다고 할 때 주어 자리에 there을 쓰세요.

내 침대 옆에 스탠드가 하나 있다면, "There is a lamp next to my bed.", 준의 생일 파티에 갔더니 30명 정도가 있었다고 한다면, "There were about 30 people at Jun's birthday party."라고 해요. 이때 There은 특별한 의미가 없어요. 경우에 따라서는 '어디에'라는 표현을 쓰지 않기도 해서 그냥 사람 이 많았더라는 "There were a lot of people."과 같이 말할 수 있어요. There 뒤에 쓰는 be동사는 뒤 에 이어지는 명사의 수와 시제에 따라서 is, are, was, were, will be, may be, might be, used to be와 같이 다양하게 쓸 수 있습니다.

I'm sorry I'm late. **There** was a lot of traffic. 늦어서 미안해. 차가 엄청 많더라고.

Mom, I'm bored. **There**'s nothing to do here. 엄마, 저 심심해요. 여긴 할 일이 아무 것도 없어요.

Were **there** many people at the concert? 콘서트에 사람들이 많던가요?

★ 스피킹 노하우 **3**

'~하는 것이 어떻다'라고 말할 때 주어로 동명사를 쓰세요.

주어 자리에 쓸 수 있는 또 다른 형태가 동명사예요. 원래 동사는 주어로 쓸 수 없는데 동사원형에 ing를 붙인 동명사는 '~하는 것'이라는 뜻으로 주어 자리에 쓸 수 있습니다. 문법적으로는 to부정사도 주어 역 할을 할 수 있지만 실제로는 동명사를 거의 주어로 써요. 여러분은 뭐 하는 게 재미있으세요? 저는 춤추 는 게 재미있어요.(Dancing is fun.) 드럼 치는 것도 재미있고요.(Playing the drums is fun.) 이렇게 '~하는 것이 어떻다'라고 말할 때 주어 자리에 Dancing, Playing과 같은 동명사를 써 보세요.

Fishing is boring to me. 낚시하는 건 저한테 지루해요.

Cooking Thai food is Ryan's specialty. 태국 음식을 요리하는 건 라이언의 특기예요.

Cleaning a bathroom takes a lot of energy. 욕실을 청소하는 건 힘이 많이 들어요.

스피킹 연습 2-1 우리말과 같은 뜻이 되도록 괄호 안에 주어진 단어를 이용하여 빈칸을 채우세요.

1) A: 여기서 헬싱키 가는 직항 비행기 있나요?

   _____ from here to Helsinki? (a direct flight)

   B: 아마 있을 거예요. 확인해 볼게요.

   _____ might be. Let me check.

2) 전에는 여기 카페가 있었어요.

   _____ here. (a café)

3) 저기 괜찮은 채식 전문 식당이 있어요.

   _____ down the street. (a vegan restaurant)

스피킹 연습 3-1 괄호 안에 있는 단어를 주어로 바꾸어 문장을 완성해 보세요.

1) 외국어를 배우는 건 아주 재미있지.

   _____ is a lot of fun. (learn a foreign language)

2) 한번에 여러 가지 일을 하는 게 내 특기야.

   _____ is my specialty. (multitask)

3) 우리 강아지를 산책시키는 건 즐거워.

   _____ is pleasant. (walk one's dog)

4) 혼자 밥 먹는 게 유행이 되었어요.

   _____ became a trend. (eat alone)

나의 영어 스피치!

● 다음 우리말을 영어로 말해 보세요.

요리하는 건 제 특기입니다. 가족이나 친구들을 위해 요리하는 건 즐거워요. 제 레시피를 다른 사람들과 공유하는 것도 좋은 일이에요. 가치가 있는 일이죠.

특기 specialty | 레시피 recipe | 공유하다 share | 레시피 recipe | 가치 있는 worth it

UNIT 3

I am extroverted.
저는 외향적이에요.

 태연 쌤's 말이 되는 **2형식**

저는 어렸을 때는 내성적이었는데 지금은 외향적이에요.(I was shy when I was young, but now I am extroverted.) 그리고 저는 거의 늘 행복합니다.(I feel happy almost all the time.) 또 가능한 한 긍정적으로 지낸답니다.(I stay as positive as I can.) 이런 문장에서 사용한 was, am, feel, stay와 같은 동사들은 뒤에 shy, extroverted, happy, positive와 같은 추가적인 말이 필요해요. 이를 주어를 보충 설명해 주는 '주격 보어'라고 합니다. 이렇게 「주어 + 동사」 뒤에 주어에 대해서 보충 설명 해주는 말, 즉 주격 보어를 쓰는 문장을 2형식이라고 해요. 주어의 상태나, 외모, 성격을 표현하거나 느낌이나 상태를 나타낼 때 동사 뒤에 주격 보어를 써서 2형식 문장으로 말해 보세요.

● 2형식 동사

변화를 나타내는 get, become, grow, go, come, turn | 상태를 나타내는 be, stay, keep, remain | 감각을 나타내는 look, smell, taste, sound, feel 등

★ 스피킹 노하우 1

주격 보어로 명사, 형용사, 전치사구를 쓰세요.

'형제 중에 몇 째다, 외모가 어떻게 생겼다, 나이가 몇이다, 어떻게 되었다'와 같이 말할 때, '몇 째, 외모가 어떠한, 나이가 몇, 어떻게'에 해당하는 말을 명사나 형용사, 전치사구로 쓸 수 있습니다.

I'm the only son. 저는 외동 아들이에요.

Jacky is getting chubby. 재키는 점점 통통해지고 있어.

Hyun is in her mid-thirties. 현은 30대 중반이에요.

Susie turned 42 this year. 수지는 올해 42살이 되었어.

Now my baby fell asleep. 이제 아기가 잠이 들었어.

44 Part **2**

우리말과 같은 뜻이 되도록 괄호 안의 단어를 이용해서 영어 문장을 완성해 보세요.

1) 우리 엄마는 아름다우셨어요.

My mother _____. (be, beautiful)

2) 그들의 아들은 조종사가 되었어.

Their son _____. (become, a pilot)

3) 제시는 내성적으로 변해가고 있어.

Jessy _____. (become, introverted)

4) 우리는 조용히 있었어.

We _____. (keep, quiet)

5) 너는 왜 아무 말도 안 하고 가만히 있었니?

Why did _____? (remain, silent)

괄호 안의 단어를 이용해서 우리말 대화를 영어로 완성해 보세요.

1) A: 누가 적격일까요?

Who _____? (qualified)

B: 준호 씨가 그 자리에 적격이에요.

Junho _____ for the position. (qualified)

2) A: 그걸로 충분해요?

Is _____? (enough)

B: 물론이죠. 이 음식은 우리 모두가 먹기에 충분해요.

Sure. This food _____ for all of us. (enough)

★ 스피킹 노하우 2

주격 보어로 to부정사나 동명사를 쓰세요.

'내 취미는 춤을 추는 거야', '올해 내 목표는 운전면허증을 따는 거야'와 같이 말할 때, '춤을 추는 것, 운전면허증을 따는 것'에 해당하는 말은 be동사 뒤에 to부정사나 동명사로 쓰면 돼요. 주어가 dream(꿈), hope(희망), goal(목표)이어서 미래에 이룰 일, 해낼 일을 나타내는 문장은 주로 to부정사를 주격 보어로 써요. 그 이외의 다른 것들이 주어일 때는 주격 보어 자리에 동명사를 쓰세요.

My dream **is** <u>to become a vet</u>. 내 꿈은 수의사가 되는 거야.

My hobby **is** <u>knitting</u>. 내 취미는 뜨개질이야.

David's goal **is** <u>to pass the test</u>. 데이비드의 목표는 그 시험에 합격하는 거야.

★ 스피킹 노하우 3

지각 동사 뒤에는 형용사를 주격 보어로 쓰세요.

지각 동사는 우리의 감각을 나타내는 '어떻게 보이다(look), 어떤 냄새가 나다(smell), 어떤 맛이 나다(taste), 어떤 느낌이 나다(feel), 어떤 소리가 나다(sound)' 같은 동사들이죠. 이런 동사들 뒤에는 주어가 어떻게 보이고 어떤 냄새가 나고 어떤 맛이 나는지를 설명해 주는 주격 보어로 형용사를 씁니다.

Wait. This milk **tastes** <u>strange</u>. 잠깐만. 이 우유 맛이 이상한데.

This sweater **feels** <u>really soft and warm</u>. 이 스웨터는 느낌이 정말 부드럽고 따뜻하다.

You **look** <u>gorgeous</u> today! What's the occasion? 너 오늘 멋져 보인다! 무슨 일 있어?

Wow, this herb **smells** <u>good</u>! 와, 이 허브 냄새 좋다!

That **sounds** <u>weird</u>. 그거 이상한데.

스피킹 연습 2-1

우리말과 같은 뜻이 되도록 괄호 안의 단어를 이용해서 영어 문장을 완성해 보세요.

1) 우리 엄마 취미는 피아노 치는 거야.

_____. (hobby, play)

2) 내 목표는 내 가게를 가지는 거야.

_____. (goal, have one's own shop)

3) 라이언의 직업은 건강 보조 식품을 파는 거야.

_____.

(job, sell, health supplements)

4) 내 건강의 비결은 물을 충분히 마시는 거야.

_____.

(secret to one's health, drink enough water)

스피킹 연습 3-1

우리말 뜻이 되도록 괄호 안의 단어를 이용하여 영어 문장을 완성해 보세요.

1) 이 두부 냄새가 고약하네.

This tofu _____. (terrible)

2) 그거 재미있는 말이네.

That _____. (interesting)

3) 거기 음식이 맛있어.

Their food _____. (delicious)

4) 이 스웨터 느낌이 따뜻하다.

This sweater _____. (warm)

나의 영어 스피치!

● 다음 우리말을 영어로 말해 보세요.

제 이름은 김호준입니다. 저는 40대 후반이에요. 약간 통통하죠. 제 취미는 낚시입니다. 제 꿈은 좋은 남편이 되는 거예요.

40대 후반인 in one's late forties ㅣ 약간 a little bit ㅣ 통통한 chubby ㅣ 낚시하다 fish ㅣ ~되다 become

UNIT 4

I like dancing.

저는 춤추는 걸 좋아해요.

 태연 쌤's 말이 되는 **3형식**

여러분은 뭐 좋아하세요? 저는 춤추는 거 좋아하고(I like dancing), 운동하는 것을 아주 좋아하고(I love exercising), 요리를 즐겨 합니다(I enjoy cooking). 먹을 것으로는 매운 음식을 좋아하고(I like spicy food), 딸기를 좋아하고(I like strawberries), 와인과 커피를 좋아해요(I like wine and coffee). 저는 또 동물을 아주 좋아해서(I love animals), 전에는 강아지 한 마리를 키웠고(I had a dog), 지금은 거북이 세 마리를 키우고 있어요(I have three turtles). 이렇게 like(좋아하다), love(아주 좋아하다), enjoy(즐기다), have(가지고 있다, 키우다) 같은 동사들은 뒤에 '~하는 것을' 혹은 '무엇을'에 해당하는 목적어(dancing, exercising, cooking, spicy food, strawberries, wine and coffee, animals, a dog, three turtles)가 필요해요. 바로 「주어 + 동사」 뒤에 목적어를 쓰는 3형식 문장이죠. 3형식 문장을 써서 '누가 ~를/~하는 것을 …하다'라는 문장을 말해 보세요.

★ 스피킹 노하우 1

목적어 자리에 명사나 대명사를 쓰세요.

동사 뒤에 '누구를' 혹은 '무엇을'에 해당하는 말로 명사나 대명사를 쓸 수 있어요.

I **love** <u>Thai food</u>. 나는 태국 음식을 아주 좋아해.

My boyfriend **has** <u>a sweet tooth</u>. 내 남자친구는 단 것을 좋아해.

Can you **fix** <u>this TV</u>? 이 텔레비전 고칠 수 있어?

Mike **called** <u>me</u> last night. 마이크가 어젯밤에 나한테 전화했었어.

우리말과 같은 뜻이 되도록 괄호 안의 단어를 이용해서 영어 문장을 완성해 보세요.

1) 나는 우리 부모님을 존경해.

I _____. (respect)

2) 우리 부모님은 나를 사랑하셔.

My parents _____. (love)

3) 네 아내는 너를 믿고 있어.

Your wife _____. (trust)

4) 나 물 끓이고 있어.

I _____. (boil)

5) 내 친구들이 모든 음식을 다 먹어버렸어.

My friends _____. (eat, all the food)

다음 우리말 대화를 괄호 안에 주어진 단어를 이용하여 영어로 완성해 보세요.

1) A: 너 숙제 다 했니?

Did _____ your _____? (finish)

B: 네, 다 했어요. 저 이제 게임 해도 돼요?

Yes, I did. Can I _____ now? (play)

2) A: 너 아침에 뭐 했어?

What _____ this morning? (do)

B: 요가 했어.

I _____. (do)

목적어 자리에 to부정사나 동명사를 쓰세요.

동사에 따라서 목적어로 to부정사를 써야 하는 것도 있고 동명사를 써야 하는 것도 있어요. 그리고 목적어로 둘 중에서 어떤 것을 써도 뜻이 같은 동사들도 있습니다. 목적어로 쓰인 to부정사나 동명사는 우리말로 '무엇을'이라고 해석되지 않는 경우도 많이 있으니 주의하세요.

> ● to부정사를 목적어로 쓰는 동사
>
> want 원하다 | need 필요로 하다 | decide 결정하다 | plan 계획하다 | hope 바라다 | expect 기대하다 | promise 약속하다 | learn 배우다
>
> ● 동명사를 목적어로 쓰는 동사
>
> enjoy 즐기다 | mind 꺼리다 | avoid 피하다 | finish 마치다 | consider 고려하다
>
> ● 둘 다 목적어로 쓰는 동사
>
> like 좋아하다 | love 아주 좋아하다 | continue 계속하다 | start 시작하다 | begin 시작하다

I'm tired, so I don't **want** to go out. 난 피곤해서 밖에 나가기 싫어.

I **hope** to see you again soon. 곧 다시 너를 보고 싶어.

I **learned** to ski when I was seven years old. 나는 7살 때 스키를 배웠어.

Tracy **enjoys** carving. 트레이시는 조각하는 걸 좋아해.

They **started** dating. = They **started** to date. 그들은 사귀기 시작했어.

I **like** to cook. = I **like** cooking. 나는 요리하는 걸 좋아해.

We **love** to travel. = We **love** traveling. 우리는 여행하는 걸 아주 좋아해.

목적어 자리에 「that + 주어 + 동사」를 쓰세요.

know(뭐가 어떻다는 것을 알다), believe(뭐가 어떻다는 것을 믿다), understand(뭐가 어떻다고 알고 있다), think(뭐가 어떻다고 생각하다)와 같은 동사 뒤에는 「that + 주어 + 동사」, 또는 that을 생략하고 「주어 + 동사」를 목적어로 쓸 수 있어요. 이렇게 하나의 문장이 목적어 역할을 합니다.

I **heard** (that) they're dating. 걔네들 사귄다고 들었는데.

I **thought** (that) you guys were a couple. 나는 너희가 커플인 줄 알았어.

We **believed** (that) you could make it happen. 우리는 네가 해낼 거라고 믿었어.

I **think** (that) Jiho is interested in you. 지호가 너한테 관심이 있는 것 같아.

스피킹 연습 **2-1** 우리말과 같은 뜻이 되도록 괄호 안의 단어를 이용해서 영어 문장을 완성해 보세요.

1) 현우가 여기 시간 맞춰 오겠다고 약속했는데.

   Hyonwoo _____ on time. (promise, be here)

2) 나 그 남자랑 사귀기로 했어.

   I _____. (decide, date)

3) 우리 집 청소 다 했어.

   We _____. (finish, clean)

4) 잠깐 기다려 줄래요?

   Do you _____ for a while? (mind, wait)

스피킹 연습 **3-1** 주어진 단어와 문장을 이용해서 우리말과 같은 뜻이 되도록 영어로 완성해 보세요.

1) 너 걔네들 같은 회사에서 일한다는 거 알고 있었어?
   (know / They're working at the same office.)

   _____

2) 원래 포르투갈 분이라고 알고 있는데요.
   (understand / You're originally from Portugal.)

   _____

3) 내가 너보다 어리다고 생각해?
   (think / I'm younger than you.)

   _____

4) 잭이 나한테 시간을 더 내겠다고 약속했어.
   (promise / He would make more time for me.)

   _____

  ● 다음 우리말을 영어로 말해 보세요.
저는 과일을 좋아합니다. 특히 딸기를 아주 좋아하죠. 요즘은 요리를 배우고 있어요. 저는 외국어를 연습하는 걸 즐깁니다. 저는 제가 낙천적이라고 생각합니다.

특히 especially | 배우다 learn | 연습하다 practice | 외국어 foreign language | 낙천적인 optimistic

UNIT 5
She said she was feeling sick.
그녀가 몸이 안 좋대.

태연 쌤's 말이 되는 # 간접 화법

오랜만에 만나기로 한 친구에게 갑자기 약속을 미뤄야겠다는 메시지가 왔어요. "왜? 무슨 일이 생겼어?(Why? Something came up?)"라고 답장을 보내니 "몸이 안 좋아.(I'm feeling sick.)"라고 하네요. 나가려고 하다가 다시 편한 옷으로 갈아입는 저를 보며 남편이 "당신, 친구 만난다고 했잖아, 응?(You said you would meet your friend, right?)" 이렇게 묻네요. 저는 "친구가 몸이 안 좋대.(She said she was feeling sick.)"라고 말해줬어요. 이렇게 다른 사람이 한 말을, '~가 그러는데 …래'라고 전하는 것을 간접 화법이라고 합니다. 간접 화법으로 말할 때는 「누가 + said (that) / said to me (that) / told me (that)」 뒤에 그 사람이 한 말을 이어주면 돼요. 반면에 다른 사람이 하는 말을 그대로 직접적으로 옮겨 말하는 것은 직접 화법이라고 하는데요, 위의 상황에서는 She said, "I'm feeling sick."이라고 하면 됩니다.

★ 스피킹 노하우 1

다른 사람이 했던 말을 내 입장에서 옮겨 말할 때는 간접 화법을 쓰세요.

다른 사람이 한 말을 내 입장에서 옮겨 말할 때는 「주어 + said (that) / 주어 + said to me[us] (that) / 주어 + told me[us] (that)」 뒤에 그 사람이 말한 내용을 넣습니다. 이때 주의할 것은 that 뒤에 있는 동사를 그 말을 한 시점의 시제로 써야 한다는 거예요.

John이 했던 말 "**I'm going to** learn Spanish." "나 스페인어 배우려고."

간접 화법 John **said** he **was going to** learn Spanish. 존이 자기는 스페인어를 배우려 한다고 말했어.
▶ 스페인어를 배울 사람은 John이니까 I는 he로 바꾸고, John이 그 말을 한 시점이 과거니까(said), am going to는 과거 시제인 was going to로 바꿉니다.

Tony가 했던 말 "**I want** to buy a car." "나 차를 사고 싶어."

간접 화법 Tony **told** me that he **wanted** to buy a car. 토니가 나한테 차를 한 대 사고 싶다고 말하더라.
▶ 차를 사고 싶어한 건 Tony니까 I는 he로 바꾸고, 말한 시점이 과거니까(told) want는 wanted로 바꿉니다.

다음 직접 화법 문장을 간접 화법으로 변형해 보세요.

1) He said, "I'm tired."

   He said _____.

2) Jake said, "I have a crush on Yoon."

   Jake said _____.

3) Kate said, "I can't find a job."

   Kate said _____.

4) Sarah told me, "I have to move out of Seoul."

   Sarah told me that _____.

다음 우리말 대화를 괄호 안에 주어진 단어를 이용하여 영어로 완성해 보세요.

1) A: 네 와이프는 집에 있겠대?

   Did your wife say _____? (stay home)

   B: 응, 그러더라. 나한테 쉬고 싶다고 그러더라고.

   Yes, she did. She told me that _____. (want, rest)

2) A: 에드는 아직 제시랑 사귄대?

   Did Ed say _____? (date)

   B: 응, 그러던데. 에드가 곧 그녀에게 청혼할 거라고 하더라.

   Yes, he did. Ed said that _____. (propose)

★ 스피킹 노하우 2

간접 화법의 that절에 현재 시제를 그대로 쓰는 경우도 있어요.

다른 사람이 했던 말의 내용이 그 말을 전하는 시점에도 변함이 없는 것일 때는 that 뒤에 현재 시제를 씁니다.

Nick**이 했던 말** "I'm originally from Morocco." "나 원래 모로코 사람이야."

간접 화법 Nick **said** that he's originally from Morocco. 닉이 자기는 원래 모로코 사람이라고 하더라.

▶ Nick이 말을 한 시점은 과거지만, 자기가 원래 모로코 사람이라는 건 지금도 여전한 사실이기 때문에 현재 시제로 is를 썼습니다.

Sean**이 했던 말** "We **have** a lot in common." "우리는 통하는 게 많아."

간접 화법 Sean **told** me that they **have** a lot in common. 숀이 자기네는 통하는 게 많다고 하더라.

▶ Sean이 말한 시점은 과거지만 그들이 서로 통하는 게 많다는 건 지금도 여전한 사실이라서 현재 시제로 have를 썼습니다.

★ 스피킹 노하우 3

누가 어떻게 하라고 말했거나 조언한 내용을 전할 때는 「주어 + 전달 동사 + me[us] to 동사원형」의 형태로 쓰세요.

다른 사람이 나 혹은 우리에게 어떻게 하라고 말했거나, 부탁했거나 또는 조언한 것을 전할 때는 전달 동사 told, asked, advised 중 하나를 쓰고 뒤에 「me[us] + to 동사원형」을 씁니다. 누가 어떻게 하지 말라고 한 내용을 전할 때는 'to 동사원형' 앞에 not을 쓰세요.

의사가 했던 말 "**Drink** enough water." "물을 충분히 드세요."

간접 화법 The doctor **told** me **to drink** enough water. 의사가 나에게 물을 충분히 마시라고 하더라.

한 엄마가 부탁한 말 "Please **be quiet**. My baby is sleeping." "조용히 좀 해 주세요. 아기가 자고 있어요."

간접 화법 A mother **asked** us **to be quiet** because her baby was sleeping. 한 엄마가 아기가 자고 있으니 우리에게 조용히 해 달라고 부탁하더라.

스피킹 연습 2-1 우리말과 같은 뜻이 되도록 괄호 안의 단어를 이용해서 영어 문장을 완성해 보세요.

1) 그녀가 자기가 좋아하는 음식은 김치라고 하더라.

_____. (say, favorite food)

2) 존이 자기가 내년에 30살이 된대.

_____. (say, turn 30)

3) 그레그가 나한테 자기 아내가 일본 사람이라고 하더라.

_____. (tell, be Japanese)

4) 베티가 그러는데 올해 페루로 여행을 갈 계획이래.

_____. (tell, be planning to travel)

스피킹 연습 3-1 주어진 단어와 문장을 이용해서 우리말과 같은 뜻이 되도록 영어로 완성해 보세요.

1) 아르만이 나한테 기다리라고 했어.
Arman / tell / "Wait for me."

_____

2) 의사가 나한테 살을 좀 빼고 규칙적으로 식사를 하라고 하더라.
The doctor / advise / "Lose some weight and eat regularly."

_____

3) 남편이 나한테 너무 과로하지 말래.
My husband / tell / "Don't work too hard."

_____

4) 아래층 이웃이 우리한테 너무 시끄럽게 하지 말아달라고 하더라.
My downstairs neighbor / ask / "Don't make a lot of noise."

_____

● 다음 우리말을 영어로 말해 보세요.
내 친구가 나에게 소개팅을 시켜주겠다고 말했다. 그리고 그 여자가 호주 출신이라고 말했다. 그는 또한 나에게 소개팅에서 너무 말을 많이 하지 말라고 조언을 해줬다.

~에게 소개팅을 시켜주다 set ~ up on a blind date | 호주 출신이다 be from Australia | 또한 also | 말을 너무 많이 하다 talk too much

UNIT 6
I'll send you a text message.
내가 너한테 문자 메시지 보낼게.

태연 쌤's 말이 되는 4형식

요즘에는 친구들이나 동료들과 전화보다는 주로 메시지로 소통하는 분들이 많아 보입니다. 만났다가 헤어질 때도 "I'll send you a text message.(문자 메시지 보낼게.)"라는 말을 많이 하죠. 이렇게 '누구에게 무엇을 어떻게 하다'라는 말을 할 때는 두 개의 목적어가 필요합니다. I'll send(보낼게)라는 말 뒤에 '누구에게'에 해당되는 말로 you(너에게)를, '무엇을'에 해당되는 말로 a text message(문자 메시지를)를 쓰는 거죠. 사실 '누구에게'는 우리말로 해석할 때 목적어가 아니라고 느껴질 수 있지만 목적격 형태로 쓰는 목적어입니다. 이렇게 '누구에게, 무엇을'에 해당하는 두 개의 목적어가 필요한 문장을 4형식이라고 해요.

> ● **4형식 동사**
>
> send 누구에게 무엇을 보내다 ｜ give 누구에게 무엇을 주다 ｜ buy 누구에게 무엇을 사주다 ｜ ask 누구에게 무엇을 물어보다 ｜ make 누구에게 무엇을 만들어 주다 ｜ cook 누구에게 무엇을 요리해 주다 ｜ get 누구에게 무엇을 갖다주다

'누구에게 무엇을 어떻게 하다'라고 할 때는 「주어 + 동사」 뒤에 '누구에게 무엇을'에 해당하는 목적어 두 개를 이어서 말해 보세요.

★ 스피킹 노하우 1

동사 뒤에 '누구에게 무엇을'의 순서로 이어서 쓰세요.

'누구에게'와 '무엇을'에 해당하는 말은 둘 다 목적격으로 씁니다. '누구에게'는 간접목적어, '무엇을'은 직접목적어라고 불러요.

I'll **send** <u>you</u> <u>an email</u>. 내가 너에게 이메일을 보낼게.

My boyfriend **bought** <u>me</u> <u>a ring</u>. 남자친구가 나한테 반지를 사줬어.

I'll **get** <u>you</u> <u>some food</u>. 내가 먹을 걸 좀 갖다 줄게.

It **cost** <u>me</u> <u>20,000 won</u>. 이거 2만원이더라.

우리말과 같은 뜻이 되도록 괄호 안의 동사를 이용해서 영어 문장을 완성해 보세요.

1) 남자친구가 저녁을 해줬어.

   My boyfriend _____. (make)

2) 학생들이 나한테 많은 질문을 했어.

   The students _____. (ask)

3) 그 가수가 우리에게 로맨틱한 노래들을 불러줬어.

   The singer _____. (sing)

4) 잠깐 시간 좀 내주실래요?

   Could you _____? (spare)

5) 잭이 나한테 꽃을 줬어.

   Jack _____. (give)

괄호 안의 단어를 이용해서 우리말 대화를 영어로 완성해 보세요.

1) A: 돈 빌려줘서 고마워.

   Thank you for _____. (lend)

   B: 내가 그랬나?

   Did I?

   A: 잊어버렸어? 내가 너한테 오만원 줄 거 있잖아.

   Did _____? I _____. (forget, owe)

2) A: 엄마, 저 자전거 새로 사주실 거예요?

   Mom, will you _____? (buy)

   B: 그래. 다음 달에 하나 사줄게.

   Ok. I'll _____ next month. (buy)

★ 스피킹 노하우 **2**

동사 뒤에 '무엇을'에 해당하는 말을 먼저 쓰고 'to + 누구'를 이어서 쓰세요.

동사 뒤에 '누구에게 무엇을'의 순서로도 쓸 수 있지만 '무엇을 누구에게'의 순서로 쓸 수도 있어요. 이때 동사의 종류에 따라 '누구' 앞에 to, for, of 중에서 하나를 쓸 수 있습니다. 동사의 의미가 어떤 대상에게 주거나, 보내거나, 갖다 주거나, 쓸 때는 '누구' 앞에 to를 쓰세요.

> ● '누구' 앞에 to를 쓰는 동사
>
> give 주다 | offer 제공하다 | pay 지불하다 | lend 빌려주다 | owe 갚을 것이 있다 | bring 가져다 주다 | sell 팔다 | send 보내다 | show 보여주다 | teach 가르치다 | write 쓰다

I'll **give** <u>him</u> <u>this letter</u>. = I'll **give** <u>this letter</u> **to** <u>him</u>. 내가 이 편지를 그에게 줄게.

We **brought** <u>some clothes and food</u> **to** <u>those kids</u>.
우리가 그 아이들에게 옷이랑 먹을 것을 갖다 주었어.

Jinsu **teaches** <u>science</u> **to** <u>middle school students</u>. 진수는 중학교 학생들에게 과학을 가르쳐.

I **wrote** <u>a love letter</u> **to** <u>her</u>. 내가 그녀에게 연애편지를 썼어.

★ 스피킹 노하우 **3**

동사 뒤에 '무엇을'에 해당하는 말을 먼저 쓰고 'for + 누구' 또는 'of + 누구'를 이어서 쓰세요.

누구를 위해 무언가를 해주는 의미의 동사는 '누구' 앞에 for를 쓰고, 물어보거나 부탁을 하는 의미의 동사는 '누구' 앞에 of를 씁니다.

> ● '누구' 앞에 for를 쓰는 동사
>
> buy 사주다 | make 만들어주다 | sing 노래를 불러주다 | cook 요리해주다 | fix 고쳐주다 | get 갖다주다 | find 찾아주다 | spare 내주다
>
> ● '누구' 앞에 of를 쓰는 동사
>
> ask 물어보다 | require 요청하다 | inquire 질문하다, 묻다

I **bought** <u>him</u> <u>a new pair of shoes</u>. = I **bought** <u>a new pair of shoes</u> **for** <u>him</u>. 내가 그에게 신발 한 켤레를 사줬어.

I **made** <u>this bracelet</u> **for** <u>you</u>. 내가 너에게 이 팔찌를 만들어줬잖아.

May I **ask** <u>a favor</u> **of** <u>you</u>? 너한테 부탁 하나 해도 될까?

I **asked** <u>some questions</u> **of** <u>my math teacher</u>. 수학 선생님께 몇 가지 질문을 드렸어.

스피킹 연습 2-1

우리말과 같은 뜻이 되도록 영어 문장을 완성해 보세요.

1) 이 케이크 네 딸에게 줘.

   Please give ＿＿＿＿＿＿＿＿＿＿＿＿＿＿＿ your daughter.

2) 음식 좀 가져다 드릴게요.

   Let me bring ＿＿＿＿＿＿＿＿＿＿＿＿＿＿ you.

3) 리사는 초등학교 학생들에게 영어를 가르쳐.

   Lisa teaches ＿＿＿＿＿＿＿＿＿＿＿＿＿＿ elementary school students.

4) 그녀에게 이메일 보냈어?

   ＿＿＿＿＿＿＿＿＿＿＿ send ＿＿＿＿＿＿＿＿＿ her?

스피킹 연습 3-1

우리말과 같은 뜻이 되도록 영어 문장을 완성해 보세요.

1) 준이 나에게 좋은 노래를 찾아줬어.

   Jun found ＿＿＿＿＿＿＿＿＿＿＿＿＿＿＿ me.

2) 질문 하나 해도 될까요?

   Can I ask ＿＿＿＿＿＿＿＿＿＿＿＿＿＿＿ you?

3) 이모가 나를 위해서 피자를 만들어 주셨어.

   My aunt made ＿＿＿＿＿＿＿＿＿＿＿＿＿＿ me.

4) 제가 그걸 갖다 드릴게요.

   I'll ＿＿＿＿＿＿＿＿＿＿＿＿＿＿＿ you.

● **다음 우리말을 영어로 말해 보세요.**
오늘은 내 생일이었다. 엄마는 미역국을 만들어 주셨다. 친구들은 근사한 저녁을 사주었다. 그들은 나에게 생일 노래를 불러주었다. 나는 그들에게 고맙다는 문자를 보냈다.

미역국 seaweed soup ｜ 근사한 저녁 fancy dinner

Do you feel like going out tonight?

오늘 저녁에 밖에 나가고 싶어?

동명사가 필요한 다양한 구문으로 말하기

태연 쌤's 말이 되는 **동명사 구문**

금요일 밤, 친구에게서 전화가 왔습니다. "Do you feel like going out tonight?(오늘 저녁에 밖에 나가고 싶어?)" 저는 그냥 집에 있고 싶어서 "Well, I'm thinking of staying in.(음, 그냥 집에 있을까 생각 중이야.)"이라고 대답했어요. 제가 좋아하는 라디오 프로그램을 들으며 그냥 집에서 시간을 보내고 싶었거든요.(I wanted to spend some time at home listening to my favorite radio show.) 이렇게 말할 때 쓴 feel like과 think of는 동사와 전치사로 이루어진 하나의 덩어리로, 뒤에 동사를 쓸 때는 동명사의 형태로 써야 합니다. spend는 목적어 뒤에 동명사를 써서 '~하느라 목적어를 쓰다, 보내다, 소비하다'라는 뜻이 돼요. 전치사 뒤에는 동명사를 써야 한다는 점을 잘 기억하면서 동명사를 쓰는 구문을 익혀 보세요.

★ 스피킹 노하우 1

동사와 전치사로 이루어진 동사구 뒤에 동명사를 쓰세요.

예 feel like ~ ~를 하고 싶다 | talk about ~ ~에 대해 얘기하다 | be[get] used to ~ ~에 익숙하다[익숙해지다] | apologize for ~ ~에 대해 사과하다 | take care of ~ ~를 돌보다, ~를 해결하다 | succeed in ~ ~하는 데 성공하다 | think of ~ ~를 생각하다, ~할까 생각 중이다 | look at ~ ~를 보다 | look forward to ~ ~를 간절히 기다리다 | dream of ~ ~하는 걸 꿈꾸다

Let's **talk about** moving to Ilsan. 우리 일산으로 이사 가는 것에 대해 얘기 좀 해보자.

I'm **used to** getting up early in the morning. 나는 아침에 일찍 일어나는 데 익숙해.

I'm **looking forward to** seeing you again. 빨리 너를 다시 만나고 싶어.

We're **dreaming of** living in a foreign city as expats.
우리는 외국의 도시에서 이방인으로 살아보는 게 꿈이야.

스피킹 연습 1-1 우리말과 같은 뜻이 되도록 괄호 안의 단어를 이용해서 영어 문장을 완성해 보세요.

1) 나는 우주 비행사가 되는 게 꿈이야.

   I dream _____. (become, an astronaut)

2) 케빈은 딱 맞는 여자를 찾는 데 성공했어.

   Kevin _____. (find, the right woman)

3) 수지는 엄마가 되기를 손꼽아 기다리고 있어.

   Susie is _____. (become, a mother)

4) 남편이랑 나는 좀 더 많은 시간을 같이 보내는 것에 대해 얘기했어.

   My husband and I talked _____ together.
   (spend, more time)

5) 나는 하루 종일 나 혼자 있는 것에 익숙해.

   I'm _____ all day. (be, on my own)

스피킹 연습 1-2 괄호 안의 단어를 이용해서 우리말 대화를 영어로 완성해 보세요.

1) A: 너 왜 그래?

   What _____? (wrong)

   B: 아, 슬퍼. 나 울고 싶어.

   Oh, I feel sad. I _____. (feel like)

2) A: 나 일을 그만둘까 생각 중이야.

   I'm _____. (think of, quit)

   B: 왜? 다른 직장 구했어?

   Why? Did _____? (find, another job)

★ 스피킹 노하우 2

「동사 + 목적어 + 전치사」 뒤에 동명사를 쓰세요.

'누구'를 뜻하는 목적어를 쓰고 그 뒤에 전치사와 동명사를 쓰는 동사들이 있습니다. 누가 새로 취직을 해서 축하를 해준다면 'congratulate 누구 on getting a new job'이라고 하는 형태죠. 이런 형태를 쓰는 동사와 전치사를 함께 외워 두세요.

> 예) congratulate 누구 on ~ing 누가 ~한 것을 축하하다 | prevent 누구 from ~ing 누가 ~하지 못하게 하다 | keep 누구 from ~ing 누가 ~하지 못하게 하다 | stop 누구 from ~ing 누가 ~를 그만하게 하다 | thank 누구 for ~ing 누가 ~해준 것에 대해서 고마워하다 | excuse 누구 for ~ing 누가 ~한 것에 대해서 양해를 구하다

Let's **congratulate** John **on** getting a new job. 우리 존이 새 직장을 얻은 것을 축하해 주자.

The heavy rain **prevented** me **from** coming here yesterday.
비가 너무 많이 와서 어제 이곳에 올 수 없었어요.

cf. They apologized to me for making a mistake. 그들이 실수한 것에 대해서 나에게 사과했어.

★ 스피킹 노하우 3

동명사를 쓰는 유용한 구문들을 기억하세요.

어떤 구문들은 명사나 형용사 뒤에 동명사를 씁니다.

> 예) It's no use ~ing ~해봐야 소용없다, ~할 필요가 없다 | It's not worth ~ing ~할 가치가 없다 | have trouble ~ing, I have difficulty ~ing, I have a problem ~ing ~하느라 애먹다, 고생하다 | spend A ~ing ~하느라 A를 쓰다[보내다, 소비하다] | waste A ~ing ~하느라 A를 낭비하다 | be busy ~ing ~하느라 바쁘다

It's no use worrying about that now. 지금 그것에 대해서 걱정해봤자 소용없어.

How many **hours** did you **spend** doing your homework? 숙제 하는 데 몇 시간 걸렸어?

I **was busy** taking care of non-work related things. 일 외의 일들을 해결하느라 바빴어.

스피킹
연습
2-1

보기에서 알맞은 전치사를 골라 괄호 안의 단어와 조합하여 우리말에 맞게 빈칸을 채우세요.

보기   on   from   for

1) 어젯밤에는 더워서 잠을 못 잤어.

   The heat kept _____. (sleep)

2) 안개가 심하게 껴서 난 아무것도 보지 못했어.

   Heavy fog prevented _____. (see anything)

3) 우리는 딸아이가 그 상을 받은 걸 축하해 줬어.

   We congratulated _____. (receive the award)

4) 방해해서 죄송합니다만, 급해서요.

   Please excuse _____, but it's urgent. (interrupt)

스피킹
연습
3-1

다음 밑줄 친 부분의 뜻에 맞게 괄호 안의 단어들을 변형해 쓰세요.

1) 나 기사 <u>쓰느라 바빠</u>.

   I _____ my article. (busy, write)

2) 지금 그런 얘기를 <u>나한테 해봐야 소용이 없어</u>.

   _____ that now. (no use, tell)

3) 난 어떤 <u>제안들을 거절하는 게 좀 힘들어</u>.

   I _____ some offers. (have trouble, reject)

4) 난 <u>필요 없는 일을 하느라</u> 내 <u>귀중한 시간을 낭비했어</u>.

   I _____ that unnecessary job.
   (waste, precious time, do)

● **다음 우리말을 영어로 말해 보세요.**
우리 강아지 토리는 늘 밖에 나가는 걸 눈빠지게 기다리죠. 우리는 어제 토리를 산책시키는 데 한
시간 이상을 보냈어요. 주말에는 토리를 돌보느라 바쁘답니다. 하지만 토리와 함께해서 행복해요.

밖에 나가다 go out | 산책시키다 walk | ~를 돌보다 take care of ~

Take off your shoes and come in.

신발 벗고 들어와.

태연 쌤's 말이 되는 ▶ **명령문**

네덜란드에서 친구가 놀러 왔습니다. 한국에 처음 온 건데, 여행도 할 겸 몇 년 전에 스페인에서 여행하다가 만나 친해진 저를 보기 위해서 왔다고 하네요. 얼마나 반가운지요. 집에 들어서서 신고 있는 신발 그대로 들어오려고 하는 친구에게 "Take off your shoes and come in.(신발 벗고 들어와.)"이라고 말해줬습니다. 그리고 또 한마디 건넸습니다. "Have a seat. Feel at home.(앉아. 편하게 있어.)"이라고요. 이런 식으로 '~해'라고 말할 때는 명령문 의 형태로 말하는데요, Take, Have, Feel과 같은 동사원형으로 시작해서 말하면 됩니다. 반대로 상대방에게 어 떻게 하지 말라고 할 때는 「Don't + 동사원형」, 혹은 「Never + 동사원형」의 형태로 말해요. 상대방에게 무언가 를 하라고 또는 하지 말라고 말할 때 명령문을 사용해 보세요.

★ **스피킹 노하우 1**

'~해'라고 말할 때는 동사원형으로 시작하세요.

상대방에게 무엇을 하라고 말하는 명령문은 동사원형으로 시작합니다. be동사의 경우에는 원형인 Be를 쓰고 뒤에 이어지는 말을 쓰면 되고, 일반 동사는 Pull, Keep, Mind와 같은 동사원형을 쓰고 뒤에 이어 지는 말을 쓰면 됩니다.

Be careful. 조심해.

Pull your car over. 차를 갓길에 세워.

Keep going until you get to the white building. 저기 흰색 건물까지 계속 가세요.

Mind your step. 계단을 조심하세요.

우리말과 같은 뜻이 되도록 영어 문장을 완성해 보세요.

1) 나 그만 좀 놀려!

_____ teasing me!

2) 조용히 하고 들어봐.

_____ quiet and _____.

3) 나한테 돌아와.

_____ back to me.

4) 네 자리로 가서 조용히 있어.

_____ to your place and _____ silent.

5) 남의 일에 참견하지 마시죠?

_____ your own business, will you?

우리말 대화를 영어로 완성해 보세요.

1) A: 내 말을 들어봐!

_____!

B: 듣고 있어. 진정해.

I'm all ears. _____ down.

2) A: 조심해. 미끄러워.

_____. It's slippery.

B: 아, 고마워.

Oh, _____.

'〜하지 마'라고 할 때는 「Don't + 동사원형」 혹은 「Never + 동사원형」으로 쓰세요.

상대방에게 어떻게 하라고 말할 수도 있지만, 반대로 '〜하지 마'라고 할 때는 Don't이나 Never를 쓰고 뒤에 동사원형을 쓰면 됩니다.

Don't overwork yourself. 과로하지 마.

Don't procrastinate. 미루지 마.

Don't be afraid. 두려워하지 마.

Never give up your dreams. 절대로 꿈을 포기하지 마.

Never skip meals. 식사를 절대 거르지 마세요.

상대방에게 부탁할 때는 Please 뒤에 동사원형을 쓰거나, 문장 뒤에 please를 쓰세요.

공손하거나 정중하게 또는 부드럽게 말하고 싶을 때는 문장 앞이나 뒤에 please를 쓰세요.

Please show me around. 저 구경 좀 시켜 주세요.

Please put my bag on the shelf. 제 가방 좀 선반 위에 올려 주세요.

Stay away from the door, **please**. 문에서 물러서 주세요.

Think about our relationship seriously **please**. 우리 관계에 대해서 진지하게 좀 생각해 줘.

우리말과 같은 뜻이 되도록 괄호 안의 단어를 이용해서 영어 문장을 완성해 보세요.

1) 절대 나를 실망시키지 마.

   _____. (let down)

2) 내 걱정은 하지 마. 난 괜찮아.

   _____. I'm OK. (worry)

3) 다시는 그런 말 마. 나한테 약속해.

   _____. Promise me. (say)

4) 슬퍼하지 마. 괜찮아질 거야.

   _____. It's going to be okay. (sad)

다음 밑줄 친 부분의 뜻에 맞게 빈칸을 채워 보세요.

1) 상처를 주려던 게 아니에요. <u>용서해 주세요.</u>

   I didn't mean to hurt you. _____ me.

2) <u>저한테</u> 기회를 한 번만 더 <u>주세요.</u>

   _____ one more chance.

3) 제 상황을 <u>이해 좀 해주세요.</u>

   _____ my situation.

4) <u>제 부탁 하나만 들어 주세요.</u>

   _____.

**나의 영어
스피치!**

● 다음 우리말을 영어로 말해 보세요.
긴장을 풀고 네 마음의 소리에 귀를 기울여. 아무것도 걱정하지 마. 그저 너 자신을 믿고 절대
포기하지 마.

긴장을 풀다 relax │ 마음의 소리 inner voice │ 믿다 trust │ 포기하다 give up

UNIT 9

I post a picture on social media every day.

난 매일 소셜 미디어에 사진을 올려.

태연 쌤's 말이 되는 일반 동사의 현재 시제

제 친구는 같이 뭘 먹을 때마다 사진을 찍어서 매일 소셜 미디어에 올리며 "I post a picture on social media every day.(난 매일 소셜 미디어에 사진을 올려.)"라고 하더라고요. 이렇게 평소에 소셜 미디어에 사진을 올리고 포스팅을 하는 것 같은 취미나 습관, 평소에 즐겨 하는 일, 외모나 일반적인 사실을 말할 때는 현재 시제를 쓸 수 있어요. 현재 시제는 주어가 3인칭 단수(나, 너를 제외한 다른 누구 한 명, 다른 어떤 것 하나)일 때 동사원형에 s를 붙여서 씁니다. 그리고 '보통, 자주, 어떤 때는, 가끔은, 거의 하지 않는, 절대 하지 않는'처럼 얼마나 자주 하는지를 말할 때는 현재 시제 문장에 빈도를 나타내는 표현을 넣는데요, 넣는 위치는 be동사와 조동사의 뒤, 일반동사의 앞입니다. 습관적으로 하는 일, 취미, 취향 등을 현재 시제를 사용해서 말해 보세요.

예 I post ~, She posts ~, My friend posts ~, They post ~, We post ~

★ 스피킹 노하우 1

일반적인 사실, 습관, 상태, 성격, 외모를 표현할 때 현재 시제를 쓰세요.

'내 머리 모양이 어떻다, 나는 어디에 산다, 어떤 상황에서는 보통 이런 걸 한다, 습관적으로 어떤 것을 한다, 취미는 무엇이다'와 같은 내용을 말할 때 현재 시제를 쓰세요.

I **have** short curly hair. 제 머리는 짧고 구불거려요.

We **live** in Wondang. 저희는 원당에 살아요.

My boyfriend and I **like** traveling together. 내 남자친구와 나는 같이 여행하는 걸 좋아해.

I **eat** something spicy when I'm stressed out. 나는 스트레스를 받으면 매운 걸 먹어.

Sean and Becky **like** killing time at a cafe when they're free.
숀이랑 베키는 한가할 때 커피숍에서 시간 때우는 걸 좋아해.

우리말과 같은 뜻이 되도록 영어 문장을 완성해 보세요.

1) 저는 걸어서 출근해요.

I _____ to _____.

2) 저는 EBS에서 프리랜서로 일해요.

I _____ as a freelancer at EBS.

3) 우리 애들은 슈퍼히어로랑 공룡을 아주 좋아해.

My kids _____ superheroes and dinosaurs.

4) 나는 매일 아침에 커피를 내려.

I _____ coffee every morning.

5) 우리 부모님은 규칙적으로 운동을 하셔서 건강하셔.

My parents are healthy because they _____ regularly.

괄호 안의 단어를 이용해서 우리말 대화를 영어로 완성해 보세요.

1) A: 너는 한가할 때 뭐 하는 걸 좋아해?

What _____ when you're free? (like, do)

B: 난 추리소설을 읽는 걸 아주 좋아해.

I _____ detective novels. (love, read)

2) A: 나한테는 성격적인 결함이 좀 있어.

I _____. (have, personal flaw)

B: 완벽한 사람은 없어.

_____. (perfect)

★ 스피킹 노하우 2

현재 시제에 주어가 3인칭 단수일 때는 일반 동사의 형태가 달라져요.

주어가 3인칭 단수(나와 너를 제외한 다른 한 사람, 혹은 다른 하나)일 때는 일반 동사의 현재 시제를 쓸 때 동사원형에 s나 es를 붙입니다. have의 경우 주어가 3인칭 단수일 때 has를 씁니다.

Mike **enjoys** working at a coffee shop. 마이크는 커피숍에서 일하는 걸 즐깁니다.

My mother **loves** reading books at the library. 저희 엄마는 도서관에서 책 읽는 것을 매우 좋아하세요.

Arman **travels** a lot. 아르만은 여행을 많이 해.

Nana **has** a cat. 나나는 고양이를 키워요.

주어에 따른 일반 동사의 형태

주어	일반 동사
I	read, like, work, play, see, wake up, go, have …
We / You / They	
He / She / It / Tom / Jane	reads, likes, works, plays, sees, wakes up, goes, has …

★ 스피킹 노하우 3

일반 동사의 현재 시제에 빈도를 나타내는 단어를 넣어 말해 보세요.

일반 동사의 현재 시제로 무엇을 얼마나 자주 하는지를 표현할 때 빈도를 나타내는 단어를 일반 동사 앞에 쓸 수 있습니다.

● **빈도를 나타내는 표현**

usually 보통, 주로 | often 종종 | ever 어느 때고, 언제든, 한번이라도 | sometimes 가끔, 어쩌다 한번 | rarely 거의 하지 않는 | never 전혀 하지 않는

I **usually** get up at 7 on weekdays. 나는 보통 주중에는 7시에 일어나.

We **rarely** talk on the phone. We **usually** text each other.
우리는 전화통화는 거의 안 해. 주로 문자 메시지를 보내지.

My boyfriend and I **never** fight through text messages.
제 남자친구와 저는 문자로는 절대 안 싸워요.

Tip 빈도를 나타내는 단어는 be동사나 조동사의 뒤, 일반동사의 앞에 씁니다.

Don't you **ever** get tired? 넌 지치지도 않니?

우리말과 같은 뜻이 되도록 괄호 안의 단어를 이용해서 영어 문장을 완성해 보세요.

1) 그 여자는 미소가 참 예뻐.

   She _____ such _____. (have)

2) 그 사람은 내가 옆에 있으면 행복하대.

   He _____ he _____ around me. (say, feel)

3) 쥬디는 늘 자기 자랑을 해.

   Judy _____ all the time. (show off)

4) 우리 언니는 스트레스를 받을 때 엄청 먹어.

   My sister _____ when she _____. (eat, be stressed out)

우리말 뜻에 맞게 보기에서 알맞은 말을 골라 괄호 안에 주어진 말과 조합하여 빈칸을 채우세요.

보기   often   sometimes   ever   usually

1) 저희는 애들을 데리고 종종 놀이공원에 가요.

   _____ with our kids. (go to the amusement park)

2) 나는 보통 7시쯤에 퇴근해.

   I _____ around 7 p.m. (finish work)

3) 어떤 때는 우리가 틀렸다는 걸 인정할 필요가 있어.

   _____ we are wrong. (need to admit)

4) 난 절대 스키를 배울 수 없을 것 같아.

   I don't think _____ how to ski. (learn)

● 다음 우리말을 영어로 말해 보세요.

저는 보통 차로 출근해요. 비나 눈이 올 때는 이따금 지하철을 타기도 하죠. 버스는 거의 안 타요. 내 동료, 민수는 건강을 생각해서 자전거로 출근해요. 그 친구는 또 건강식만 먹죠.

차로 출근하다 drive to work ┃ 동료 co-worker ┃ 자전거로 by bicycle ┃ 건강 health ┃ 건강식 healthy food

UNIT 10

My wife is attractive.

내 아내는 매력적이야.

현재의 상태를 표현하는 be동사의 현재 시제로 말하기

 태연 쌤's 말이 되는 **be동사의 현재 시제**

최근에 결혼을 한 친구에게 아내가 어떤 사람이냐고 물어보았죠. "What's your wife like?(네 아내는 어떤 사람이야?)" 친구가 이렇게 대답했어요. "My wife is attractive.(내 아내는 매력적이야.)" 그리고는 묻지도 않은 말을 계속 합니다. "My wife is kind and warm-hearted. She is energetic and considerate.(내 아내는 착하고 마음이 따뜻해. 열정적이고 또 배려심이 깊어.)" 어떤 사람인지 궁금해져서 불러서 같이 저녁을 먹자고 했더니 "My wife is in Singapore.(아내는 지금 싱가포르에 있어.)"라고 하네요. 이렇게 어떤 사람의 직업이나 성격, 나이, 외모를 표현할 때는 be동사의 현재 시제를 쓰면 돼요. 누가 지금 어디에 있다고 할 때도 be동사의 현재 시제로 나타낼 수 있습니다. be동사의 현재 시제를 이용해서 누군가를 소개하거나 묘사해 보세요.

★ 스피킹 노하우 1

be동사의 현재 시제는 주어에 따라 am, is, are 중에서 맞는 것을 골라 쓰세요.

be동사는 기본적으로 1) '어떠하다' 2) '~이다' 3) '~에 있다'라는 뜻을 가지고 있어요. 그리고 주어에 따라 am, is, are 중에서 하나를 쓰는데요, 다음 표를 참고하세요.

주어에 따른 be동사의 형태

주어	be동사
I	am
You/We/They	are
She/He/It(나, 너 말고 다른 한 사람 또는 다른 하나)	is

I'm 32 years old. 저는 32살이에요.

My boyfriend is fun, sweet and caring. 내 남자친구는 재미있고 다정하고 잘 챙겨줘.

Pam and I are close friends. 팸이랑 나는 친한 친구야.

우리말과 뜻이 같도록 빈칸에 알맞은 be동사를 넣으세요.

1) 저는 유부녀[유부남]입니다.

   I _____ married.

2) 우리 새로운 영어 선생님은 유머감각이 있으셔.

   My new English teacher _____ humorous.

3) 그분은 외근 중이십니다.

   She _____ out of the office.

4) 우리 부모님과 나는 휴가 와 있어.

   My parents and I _____ away on vacation.

5) 그들은 결혼기념일을 맞아 유럽에 있어.

   They _____ in Europe for their wedding anniversary.

괄호 안에 주어진 단어와 be동사를 이용하여 우리말 대화와 뜻이 같도록 빈칸을 채우세요.

1) A: 야, 드디어 네가 왔구나.

   Oh, you _____ finally _____. (here)

   B: 다시 보게 되어서 진짜 반가워.

   I _____ to see you again. (so glad)

2) A: 내 남동생은 40대 초반이야.

   My younger brother _____. (in his early forties)

   B: 진짜? 난 30대 후반인 줄 알았는데.

   Really? I thought he _____. (in his late thirties)

★ 스피킹 노하우 2

be동사의 현재 시제로 물어볼 때는 be동사를 문장의 맨 앞에 쓰세요.

be동사의 현재 시제로 물을 때는 be동사를 먼저 쓰고 주어를 써서 Are you ~? Is she ~? Is he ~? Am I ~?처럼 물어봅니다.

Are you in your thirties? 30대신가요?

Are your parents in Canada? 부모님이 캐나다에 계셔?

Is Matt your high school friend or your university friend?
매트가 네 고등학교 친구니, 아니면 대학 친구니?

★ 스피킹 노하우 3

be동사 현재 시제의 부정문은 be동사 다음에 not을 쓰세요.

She's not = She isn't, He's not = He isn't, We're not = We aren't, They're not =They aren't, It's not = It isn't

I'm not that tall. 저는 그다지 키가 크지 않아요.

Walter **is not** American. He's Canadian. 월터는 미국인이 아니에요. 그 분은 캐나다 사람입니다.

We**'re not** on the same team. 우리는 같은 팀 소속이 아니에요.

Yoon and Erik **are not** siblings. They're a couple. 윤과 에릭은 남매가 아니야. 걔네는 커플이야.

스피킹 연습 2-1

우리말과 같은 뜻이 되도록 be동사와 괄호 안의 단어를 이용해 빈칸을 채우세요.

1) 알렌이 네 남자친구야?

   _____ your boyfriend? (Allen)

2) 너희들 배고프니?

   _____ hungry? (you guys)

3) 제가 반대편에 있나요?

   _____ on the wrong side? (I)

4) 준은 결혼했어, 아니면 싱글이야?

   _____ single or married? (Jun)

스피킹 연습 3-1

우리말과 같은 뜻이 되도록 빈칸을 채우세요.

1) 그 사람, 그런 사람이 아니야.

   He _____ that kind of person.

2) 그렉은 내 남자친구가 아니야. 우린 그냥 친구야.

   Greg _____ my boyfriend. We _____ just friends.

3) 그건 네 잘못이 아냐.

   It _____ your fault.

4) 준과 윤은 강의실에 없어.

   Jun and Yoon _____ in the classroom.

● 다음 우리말을 영어로 말해 보세요.
내 친구 사라는 예쁘고 재능도 있고 마음도 열린 사람입니다. 지금은 호주에 있는데요, 저는 늘 그 친구가 그립습니다.

재능이 있는 talented ┃ 마음이 열린 open-minded ┃ 그립다 miss

I'm bathing my baby.

나 지금 아기 목욕시켜.

지금 하고 있는 동작을 표현하는 현재진행형으로 말하기

태연 쌤's 말이 되는 현재진행형

전화벨이 계속 울려서 받았더니, 친구가 뭐하냐고 물어보네요. "What am I doing? I'm bathing my baby.(지금 뭐하고 있냐고? 나 아기 목욕시키고 있어.)"라고 하고 급하게 전화를 끊습니다. 아기를 키우시는 분들은 통화도 마음 대로 못하는 상황, 공감하시죠? 이렇게 지금 무언가 하고 있는 중인 것을 표현할 때 쓰는 게 현재진행형입니다. 말 그대로 현재 진행 중인 동작을 나타내는 거죠. 현재진행형은 주어에 맞는 be동사의 현재형 즉, am, are, is 중 에 하나를 쓰고 이어서 동사원형에 ing를 붙여 씁니다. 지금 내가 공부를 하고 있으면, "I'm studying." 우리가 이야기를 나누고 있으면, "We're talking." 아빠가 주무시고 계시면, "My father is sleeping."이라고 하면 되 죠. 지금 누가 어떤 행동을 하고 있는지 현재진행형으로 말해 보세요.

★ 스피킹 노하우 1

주어에 맞게 am, is, are 중 하나를 쓰고 이어서 동사원형에 ing를 붙인 형태를 쓰세요.

현재진행형은 주어에 따라 be동사 중에서 맞는 것을 쓰고 이어서 동사원형에 ing를 붙인 형태를 쓰면 됩니다. 동사의 철자에 따라 단어 끝에 있는 e를 빼고 ing를 붙이기도 하고 끝에 있는 철자를 하나 더 쓰 고 ing를 붙이기도 하니 나올 때마다 익혀두세요. (ex: drive → driving, swim → swimming)

I am ~ing / You, They, We, You and I are ~ing / She, He, It, My friend, My dog is ~ing

I'm driving a car. 나 운전 중이야.

My daughter **is having** breakfast. 딸은 아침을 먹는 중이야.

We're waiting for a bus. 우리는 버스를 기다리고 있어.

My son **is playing** computer games. 아들은 컴퓨터 게임을 하고 있어.

My daughter and her friends **are swimming** in the pool.
딸이랑 친구들은 풀장에서 수영하고 있어.

우리말과 같은 뜻이 되도록 괄호 안의 단어를 이용해서 영어 문장을 완성해 보세요.

1) 나 부엌에서 샌드위치 만들고 있어.

I _____ a sandwich _____. (make)

2) 내 딸은 자기 방에서 대사 연습을 하고 있어.

My daughter _____ her lines _____.
(practice)

3) 남편은 헬스클럽에서 운동하고 있어.

My husband _____ at the gym. (work out)

4) 저기요, 저 지금 줄 서서 기다리고 있거든요.

Excuse me, _____ in line. (wait)

5) 나 샤워 중이야.

_____ a shower. (take)

괄호 안의 단어를 이용해서 우리말 대화를 영어로 완성해 보세요.

1) A: 수지는 지금 어디 있어?

_____ now? (where)

B: 자기 방에. 자기가 좋아하는 동영상을 보고 있어.

In her room. _____ her favorite video clips. (watch)

2) A: 너 명상 하는 거니?

_____? (meditate)

B: 아니, 졸고 있는 거야. 너무 졸려.

No, _____. I'm too sleepy. (doze off)

'~하지 않고 있다'라고 말할 때는 be동사 뒤에 not을 쓰고 동사원형에 ing를 붙인 형태를 이어 쓰세요.

'지금 ~하고 있지 않아'라고 말할 때는 주어 뒤에 알맞은 be동사를 쓰고 「not + 동사원형ing」을 이어서 씁니다.

I'm not working now. 나 지금 일 안 해.

We're not staying there. 우리는 거기에서 묵고 있지 않아.

It's not raining outside. 밖에 비 안 와.

무엇을 하고 있는지 물을 때는 「Am/Are/Is + 주어 + 동사원형ing ~?」의 어순으로 쓰세요.

누가 무엇을 하고 있냐고 물을 때는 be동사인 am, are, is 중 하나를 주어 앞으로 옮기면 돼요. 의문사를 넣어서 물을 때는 「의문사(What, Where, Who, Why 등) + am, is, are + 주어 + 동사원형ing」의 순서로 쓰세요.

Are you **having** a good time? 재미있게 놀고 있어?

What are you **reading** now? 지금 뭐 읽고 있는 거야?

Why are you **crying**? 왜 울어?

What is she **looking** at? 그녀는 뭘 보고 있는 거야?

우리말과 같은 뜻이 되도록 영어 문장을 완성해 보세요.

1) 저 안 자요. 숙제하고 있어요.

_____. _____ homework.

2) 나 지금 텔레비전 보고 있지 않아. 내가 좋아하는 영어 프로그램 듣고 있어.

_____ TV now. _____ my favorite English show.

3) 제인은 저녁 먹고 있지 않아. 자기 방에서 공부하고 있어.

Jane _____. _____ in her room.

4) 우리 싸우는 거 아니야. 그냥 얘기하는 거야.

_____. _____ just _____ to each other.

괄호 안에 주어진 단어를 이용해 우리말과 같은 뜻이 되도록 영어 문장을 완성해 보세요.

1) 그 자리에 저를 생각하고 계신 건가요?

_____ for the position? (think about)

2) 너 누구 얘기를 하고 있는 거야?

_____? (talk about)

3) 왜 제 나이를 물어보세요?

_____? (ask, age)

4) 올 여름에 어디 가려고 해?

_____? (plan to)

● 다음 우리말을 영어로 말해 보세요.
나는 지금 카페에서 아르바이트 중이에요. 무엇 때문에 이 일을 하냐고요? 실은 여자친구 생일 선물 사려고 이 일을 하고 있어요.

아르바이트를 하다 do a part-time job | 사실 actually

UNIT 12 I was shy when I was young.

저는 어렸을 때 수줍음을 많이 탔어요.

태연 쌤's 말이 되는 be동사의 과거 시제

저는 어렸을 때는 수줍음을 많이 탔지만(I was shy when I was young) 성격이 바뀌어 지금은 외향적이에요. 이렇게 과거에 어땠는지 말할 때 be동사의 과거형을 써요. 또 누군가 "Where were you yesterday?(어제 어디에 있었어?)"라고 물어보면 "We were at the museum.(우리는 어제 박물관에 있었어.)"이라고 말할 수 있어요. 이런 식으로 과거에 어디에 있었는지 나타낼 때도 be동사의 과거형을 씁니다. 이렇게 과거의 성격이나 상태, 위치를 표현할 때는 be동사의 과거형인 was나 were 중에서 주어에 맞는 것을 써서 말하면 됩니다.

★ 스피킹 노하우 1

be동사의 과거형은 주어에 따라 was나 were를 쓰세요.

be동사의 과거형은 was와 were가 있는데요, 주어에 따라 맞는 것을 써야 합니다. be동사 과거형의 기본적인 뜻은 1) '~였다' 2) '~했었다' 3) '~에 있었다'입니다.

주어에 따른 be동사의 과거형	
주어	**be동사의 과거형**
I, She, He, It	was
You, We, They	were

We **were** high school students in 2004. 우리는 2004년에 고등학생이었어.

Jenny **was** very smart when she **was** young. 제니는 어렸을 때 아주 똑똑했지.

I **was** at home at that time. 나 그 시간에 집에 있었는데.

스피킹
연습
1-1

우리말과 같은 뜻이 되도록 괄호 안의 단어를 이용해서 영어 문장을 완성해 보세요.

1) 나는 2010년에 25살이었어.

   I _____ in 2010. (twenty-five years old)

2) 마이크랑 나는 대학 때 친한 친구였어.

   Mike and I _____ in university. (close friends)

3) 내가 처음 윤을 보았을 때 그녀는 아주 매력적이었어.

   Yoon _____ when I first saw her. (really attractive)

4) 그때 우리는 회사에 있었지.

   We _____ at that time. (at work)

5) 지호는 5년 전에 여기 인턴이었어.

   Jiho _____ five years ago. (an intern here)

스피킹
연습
1-2

괄호 안의 단어를 이용해서 우리말 대화를 영어로 완성해 보세요.

1) **A:** 너는 내가 우울할 때 나한테 아주 잘해줬어.

   You _____ to me when I _____ really down.
   (be very kind)

   B: 아, 아주 오래 전 얘기다.

   Oh, that _____. (a long time ago)

2) **A:** 제 아들은 태어났을 때 3.4킬로였어요.

   My son _____ 3.4 kilograms when he _____ born. (be)

   B: 제 딸은 태어났을 때 3.8킬로였답니다.

   My daughter _____ 3.8 kilograms when she _____ born. (be)

be동사의 과거형을 의문문으로 쓸 때는 Was나 Were를 맨 앞에 쓰고 뒤에 주어와 나머지 내용을 쓰세요.

be동사의 과거형을 물을 때는 be동사의 현재 시제를 쓸 때와 마찬가지로 주어 앞에 be동사를 써요. 그리고 의문사(who, which, what, what time, where, when, why, how, how long 등)가 필요할 때는 「의문사 + was/were + 주어」의 순서로 쓰고 이어서 나머지 내용을 쓰세요.

Was she ~? / Were you ~? / Were they ~?
Who, Which, Why, When, Where, How + was[were] 주어 ~?

Were you busy? 바빴어?

Was Bomi your girlfriend? 보미가 네 여자친구였어?

Where were you? 넌 어디 있었어?

Why were you upset? 넌 왜 화가 났던 거야?

be동사의 과거형을 부정문으로 말할 때는 주어 뒤에 was not, were not을 쓰세요.

was not = wasn't / were not = weren't

I **wasn't** that tired. 난 그렇게까지 피곤하지 않았어.

We **weren't** happy at all. 우리는 전혀 즐겁지 않았어.

My wife **wasn't** at home last week. 아내는 지난주에 집에 없었어.

She **was** at her parents' house. 그녀는 부모님 댁에 있었어.

스피킹 연습 2-1

우리말과 같은 뜻이 되도록 주어진 단어를 어순에 맞게 배열하여 쓰세요.

1) 너희 아버지가 수학 선생님이셨어?

_____? (a, teacher, math, your father, was)

2) 너희는 축구에 관심이 있었니?

_____? (interested, soccer, in, were, you)

3) 어젯밤에 너 어디 있었어?

_____? (you, last, were, night, where)

4) 네 첫 번째 직업은 뭐였니?

_____? (first, what, your, job, was)

스피킹 연습 3-1

보기에서 알맞은 단어를 골라 밑줄 친 부분의 뜻에 맞게 빈칸을 채우세요.

> **보기**   in Korea   the owner   so good   that tall

1) 그는 학교 다닐 때 <u>그렇게 잘하지 않았어</u>.

He _____ at school.

2) 수는 어렸을 때는 <u>그렇게 키가 크지 않았어</u>.

Sue _____ when she was young.

3) 나는 2014년에 <u>한국에 없었어</u>.

I _____ in 2014.

4) 그렉은 그때 이 식당 <u>주인이 아니었어</u>.

Greg _____ of this restaurant at that time.

나의 영어 스피치!

● 다음 우리말을 영어로 말해 보세요.

타미는 젊었을 때 꽤 수줍음이 많았어요. 제니퍼는 완전 말괄량이였고요. 그때 두 사람이 친했냐고요? 그럼요, 그들은 서로에게 좋은 친구였어요. 지금은 좋은 부부랍니다.

꽤 pretty ┃ 완전 totally ┃ 말괄량이 tomboy ┃ 그때 at that time ┃ 친한 close ┃ 좋은 친구 best friend ┃ 부부 husband and wife

UNIT 13

I ate already.
전 벌써 먹었어요.

태연 쌤's 말이 되는 일반 동사의 과거 시제

동료에게 점심 먹었냐고 했더니 "I ate already.(전 벌써 먹었어요.)"라고 하네요. 이렇게 벌써 한 일이나 지금 시점 이전에 했던 행동 또는 이미 일어났던 일을 표현할 때는 일반 동사의 과거형을 쓰면 됩니다. 일반 동사의 과거형 은 주로 동사원형에 d나 ed를 붙여 만들지만 어떤 동사들은 아예 다른 모양으로 변하기도 합니다. 이런 동사들 의 과거형은 볼 때마다 외워 두셔야 해요. 예를 들어 watch의 과거형은 watched, finish의 과거형은 finished인 데요, sit의 과거형은 sat, do의 과거형은 did, drink의 과거형은 drank입니다. 일반 동사의 과거형을 이용해서 이미 한 일, 이전에 했던 일, 과거에 일어났던 일에 대해서 말해 보세요.

★ 스피킹 노하우 1

규칙적인 일반 동사의 과거형은 동사원형에 ed를 붙여 만듭니다.

일반 동사의 과거형을 만드는 기본적인 규칙은 동사 뒤에 d 혹은 ed를 붙이는 건데요, 보통 철자가 e로 끝나는 동사는 d만 붙이고 다른 철자로 끝나는 단어들은 ed를 붙입니다.

I **brushed** my teeth. 저 양치질 했어요.

I **washed** my hair. 나 머리 감았어.

We **worked** together for 2 years. 우리는 2년 동안 같이 일했어.

What **happened**? 어떻게 됐는데?

We really **liked** traveling together. 우리는 같이 여행하는 게 너무 좋았어.

I **moved** into this apartment two years ago. 나는 2년 전에 이 아파트로 이사왔어.

보기에서 알맞은 동사를 골라 괄호 안의 단어와 조합하여 우리말에 맞게 문장을 완성하세요.

보기   want   start   end   stay   rain

1) 걔네들 식당을 새로 차렸어.

    They _____. (a new restaurant)

2) 아르만과 나는 ABC호텔에 묵었어

    Arman and I _____. (at the ABC Hotel)

3) 부모님은 내가 의사가 되기를 바라셨어.

    My parents _____. (me, to be a doctor)

4) 어제 비가 많이 왔어.

    It _____. (a lot, yesterday)

5) 콘서트가 30분 전에 끝났어.

    The concert _____. (thirty minutes ago)

괄호 안의 단어를 이용해서 우리말 대화를 영어로 완성해 보세요.

1) A: 너 어제 일 많이 했지, 그치?

    You _____ yesterday, right? (work hard)

   B: 응, 밤 11시 30분까지 일했어.

    Yes, I _____ until 11:30. (work)

2) A: 나는 어렸을 때 파인애플 엄청 좋아했어.

    I _____ pineapple when I was young. (love)

   B: 너 파인애플 먹으면서 책 읽는 거 좋아했다고 그랬지, 맞지?

    You said you _____ reading while eating pineapple, right? (enjoy)

과거형이 따로 있는 동사들은 외워서 쓰세요.

동사의 원형에 d나 ed를 붙이는 게 아니라 다른 형태의 과거형을 쓰는 동사들은 나올 때마다 외워 두세요. 일반 동사들은 과거형과 과거분사형 모두 중요하니까 나올 때마다 한꺼번에 다 외워두시는 게 좋습니다.

> **예** make – made – made, buy – bought – bought, speak – spoke – spoken, know – knew – known, think – thought – thought, see – saw – seen, spend – spent – spent, put – put – put

My boyfriend **made** me some pizza. 남자친구가 피자를 만들어줬어.

I **bought** some sandwiches for you. 내가 너 주려고 샌드위치를 샀어.

They **spoke** in Korean. 그들은 한국어를 하더라.

I **knew** that he told me a lie. 그 사람이 나한테 거짓말을 한다는 걸 알았어.

일반 동사 과거 시제의 부정문은 「주어 + didn't + 동사원형」으로, 의문문은 「Did + 주어 + 동사원형?」으로 쓰세요.

I **didn't like** broccoli when I was young. 난 어렸을 때 브로콜리를 안 좋아했어.

We **didn't go** out all through the weekend. 우리는 주말 내내 밖에 안 나갔어.

I **didn't eat** breakfast this morning. 나 오늘 아침에 아침 안 먹었어.

Did you **take** a lot of pictures in Sydney? 시드니에서 사진 많이 찍으셨어요?

Did Somi and Jun **get** married? 소미랑 준은 결혼했어?

Did your boyfriend **propose** to you? 네 남자친구가 너한테 청혼했어?

우리말과 같은 뜻이 되도록 괄호 안의 단어를 이용해서 영어 문장을 완성해 보세요.

1) 나는 그런 줄 알았지.

I _____. (think)

2) 감동적인 영화를 한 편 봤어.

I _____ a touching movie. (see)

3) 우리는 여행에 삼십 만원 정도를 썼어.

We _____ about 300,000 won for the trip. (spend)

4) 네 전화기 탁자 위에 뒀어.

I _____ your phone on the desk. (put)

보기에서 알맞은 동사를 골라 괄호 안의 단어를 이용하여 우리말에 맞게 문장을 완성하세요.

보기   take   come   buy   fall

1) 나 이 가방 인터넷에서 산 거 아니야.

_____ this bag on the Internet.

2) 너 부산 갈 때 KTX탔어?

_____ the KTX to Busan?

3) 그 애들은 첫 눈에 사랑에 빠졌니?

_____ for each other at first sight?

4) 어제 네 친구들이 너희 집에 왔었어?

_____ over to your place yesterday?

● 다음 우리말을 영어로 말해 보세요.

민지가 나를 찼다. 나는 그녀를 정말 사랑했고 그녀를 믿었다. 내가 그녀에게 뭘 잘못한 걸까?
그녀는 나를 사랑하지 않았을까?

차다 dump ┃ 잘못하다 do wrong

UNIT 14 Please call me TY.

TY라고 불러주세요.

태연 쌤's 말이 되는 5형식

여행 중에 만나는 외국인 여행자들이 제 이름을 물어보면 저는 "I'm Taeyeon Kim."이라고 하는데요, 가끔은 제 이름을 발음하기 힘들어하는 경우가 있더라고요. 그럼 저는 "Please call me TY. (그냥 TY라고 불러주세요.)"라고 합니다. 이렇게 '누구를 뭐라고 부르다'라는 뜻의 call은 뒤에 '누구를'에 해당하는 목적어(me)와 그 목적어를 뭐라고 부르는지에 해당하는 목적격 보어(TY)가 필요해요. 동사에 따라 목적격 보어 자리에 명사, 형용사, to부정사, 동사원형, 현재분사, 과거분사를 쓸 수 있습니다. 이렇게 「주어 + 동사 + 목적어」 뒤에 목적어를 보충 설명하는 목적격 보어가 있는 문장을 5형식이라고 해요.

목적어와 목적격 보어의 관계
○ **목적격 보어가 명사일 때:** 목적어의 이름이나 직위를 나타냄
○ **목적격 보어가 형용사일 때:** 목적어의 상태를 나타냄
○ **목적격 보어가 부정사나 동사원형일 때:** 목적어가 하는 동작을 나타냄

★ 스피킹 노하우 1

목적격 보어로 '무엇으로' 혹은 '어떻게'에 해당하는 명사나 형용사를 쓰세요.

목적어를 무엇이라고 부르거나 어떤 상태가 되게 하거나 어떻게 둔다고 할 때 「주어 + 동사 + 목적어」 뒤에 목적격 보어로 명사나 형용사를 쓸 수 있습니다.

● **목적어를 무엇이라고 ~하다:** call, consider, appoint + 목적어 + 명사
● **목적어를 어떤 상태로 ~하다:** make, get, find, leave, hold, turn, drive, keep, paint + 목적어 + 형용사

I just <u>call</u> my husband **honey.** 나는 남편을 여보라고 불러.

I <u>left</u> the door **open.** 내가 문 열어놨어.

We'll <u>paint</u> our daughter's room **green.** 우린 딸 방을 초록색으로 칠해줄 거야.

우리말과 같은 뜻이 되도록 괄호 안의 단어들을 어순에 맞게 배열해서 완성하세요.

1) 우리 엄마는 나를 아직도 아기라고 부르셔.

   My mother still _____. (me, calls, baby)

2) 여기는 계속 깨끗하게 유지해 주세요.

   Please _____. (this area, clean, keep)

3) 그 문은 늘 닫아 두세요.

   Please _____. (closed, leave, that door)

4) (알고보니) 내 소개팅 상대가 유머감각이 있더라고.

   I _____. (found, humorous, my blind date)

5) 내가 너를 세상에서 제일 행복한 여자로 만들어 줄게.

   I'll _____ in the world.
   (the happiest, you, make, woman)

괄호 안의 단어를 적절히 변형해서 우리말 대화를 영어로 완성해 보세요.

1) A: 닉은 철이 없어.

   Nick _____ immature. (be)

   B: 그러게. 모두가 그를 마마보이라고 불러.

   I know. Everybody _____. (call, he, a mama's boy)

2) A: 너 그 여자 좋아하니?

   Do you like _____? (she)

   B: 그런 것 같아. 그녀의 미소가 나를 행복하게 해.

   I think so. Her smile _____. (make, I, happy)

'~하기를', '~하게'에 해당하는 목적격 보어로 to부정사를 쓰세요.

목적어에게 무엇을 하라고 말하거나(tell), 목적어가 무엇을 하기를 바라거나(want), 기대하거나 (expect), 목적어에게 무엇을 해달라고 부탁할 때(ask)는 「주어 + 동사 + 목적어」 뒤에 to부정사를 쓰세요. 이때 to부정사를 목적격 보어라고 부르는 이유는 "She told me to be confident."라고 했을 때, to be confident는 주어인 She가 아니라 목적어인 me가 하는 일이기 때문이에요.

Kate **told** me **to stay** here. 케이트가 나보고 여기 있으래.

Dan **asked** me **to help** him with the project. 댄이 나한테 그 프로젝트 하는 걸 좀 도와달라고 하더라.

I **want** my son **to be** happy. 나는 우리 아들이 행복했으면 좋겠어.

You might **expect** me **to respond** too quickly. 너는 내가 너무 빨리 답을 하기를 바라는 것 같아.

사역동사(have, make, let)와 지각동사(see, hear, listen to)는 목적어 뒤에 목적격 보어로 동사원형을 씁니다.

목적어를 ~하게 만들거나, 목적어를 ~하게 해준다는 뜻의 사역동사 have, make, let이나 목적어가 ~ 한 것을 보거나 들었다고 말하는 see, hear, listen to와 같은 지각동사들은 뒤에 목적어를 쓰고 to가 없는 동사원형을 씁니다.

- have, make, let + 목적어 + 동사원형
- see, hear, listen to + 목적어 + 동사원형

My mother **lets** me **use** her phone once a day. 우리 엄마는 하루에 한 번 엄마 전화기를 쓰게 해주셔.

My boyfriend always **makes** me **laugh**. 내 남자친구는 늘 나를 웃게 해.

Have him **take** this job. 그에게 이 일을 하라고 해.

Did you **see** the accident **happen**? 너 그 사고 나는 거 봤어?

I **heard** you **make** fun of your friend very often. 나는 네가 친구를 놀리는 걸 아주 자주 들었어.

우리말과 같은 뜻이 되도록 괄호 안에 주어진 말을 이용하여 빈칸을 채워 보세요.

1) 나는 네가 나랑 같이 여행 갔으면 좋겠어.

   I _____ with me. (want, travel)

2) 강사가 우리에게 잘 들으라고 하더라.

   The lecturer _____ carefully. (tell, listen)

3) 우리는 너희가 더 늦게 도착할 줄 알았어.

   We _____ much later. (expect, arrive)

4) 브라이언이 아프다길래 병원에 가보라고 해줬지.

   Brian said he was sick, so I _____ to the doctor.
   (advise, go)

우리말과 같은 뜻이 되도록 괄호 안의 단어들을 어순에 맞게 배열해서 완성하세요.

1) 왜 그렇게 말하는 거야?

   What _____ that? (you, makes, say)

2) 나는 네가 그 남자 옆에 있으면 늘 미소 짓는 걸 봤어.

   I always _____ around that guy. (smile, saw, you)

3) 우리 엄마는 하루에 한 번 엄마 전화기를 쓰게 해주셔.

   My mother _____ once a day. (lets, her phone, me, use)

4) 딸한테 자기 방 좀 청소하라고 시켰어.

   I _____. (my daughter, had, clean, her room)

나의 영어
스피치!

● 다음 우리말을 영어로 말해 보세요.
내 친구 바바라는 그림을 아주 잘 그린다. 나는 그녀에게 내 초상화를 그려달라고 부탁했다. 그녀
가 그림을 그리는 걸 봤을 때 그녀는 아주 행복해 보였다. 나는 그녀를 예술가라고 부르고 싶다.

~을 잘한다 be good at ~ing | 그림을 그리다 draw | 초상화 portrait | 예술가 artist

I saw you studying in the library.

너 도서관에서 공부하고 있는 거 봤어.

목적격 보어로 현재분사나 과거분사를 쓰는 5형식 문장으로 말하기

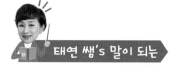

태연 쌤's 말이 되는 분사 형태의 목적격 보어

도서관에 갔다가 친구가 공부를 하고 있는 걸 봤어요. 그래서 그 친구 이름을 작게 불렀는데 못 듣길래 그냥 나와서 전화를 걸어 말했죠. "I saw you studying at the library.(너 도서관에서 공부하고 있는 거 봤어.)" 그랬더니 그 친구는 "Oh, I heard someone's name called.(아, 어떤 사람의 이름이 불리는 걸 들었어.)"라고 하더라고요. 자기를 부르는 건지는 모르고 계속 공부를 했나 봐요. 이렇게 saw, heard처럼 듣거나 보거나 느낀다는 뜻의 동사들을 '지각 동사'라고 하는데요, 목적어가 무엇을 '하고 있는 중인' 것이면 「지각 동사 + 목적어 + 현재분사(-ing)」를, 목적어가 어떻게 '된 것'이면 「지각 동사 + 목적어 + 과거분사(p.p.)」를 씁니다. 그리고 have, make, get도 뒤에 오는 목적어가 어떻게 '되게'한다고 할 때 목적어 뒤에 과거분사(p.p.)를 쓰는 형태를 갖습니다.

★ 스피킹 노하우 1

「지각 동사 + 목적어」 뒤에는 동사원형이나 현재분사(~ing)를 쓰세요.

see, watch, observe, notice, hear, listen to, feel, find 등의 지각 동사는 이론적으로는 목적어가 어떤 행동을 하는 것을 처음부터 끝까지 다 보거나 들었다고 말할 때 목적어 뒤에 동사원형을 쓰고, 목적어가 어떤 행동을 하고 있는 것을 그 순간에 보거나 들었다고 할 때는 목적어 뒤에 현재분사(~ing형)를 쓰는데요, 이 둘을 구분없이 쓰기도 합니다.

I **saw** you **dating** a good-looking guy. 네가 어떤 잘생긴 남자랑 데이트하고 있는 거 봤어.

I **heard** someone **calling** my name. 누가 내 이름을 부르고 있는 소리를 들었어.

cf. 목적격 보어로 동사원형을 쓸 때와 현재분사를 쓸 때의 의미 차이

I've never **seen** you **sing**. 난 네가 노래하는 걸 본 적이 없다. (보통 노래 한 곡을 다 부르는 걸 본 적이 없다는 의미)

I've never **seen** you **singing**. 난 네가 노래하고 있는 걸 본 적이 없어. (상대방이 노래를 하고 있는 순간을 본 적이 없다는 의미)

스피킹 연습 1-1

우리말과 같은 뜻이 되도록 괄호 안의 단어를 이용해서 영어 문장을 완성해 보세요.

1) 아, 네가 들어오는 소리를 못 들었네.

   Oh, I didn't _____ in. (hear, come)

2) 너랑 너희 엄마가 길을 걸어가고 있는 걸 봤어.

   I _____ along the street. (see, walk)

3) 내 여동생이 내 일기를 읽고 있는 걸 봤지 뭐야.

   I _____ my diaries. (find, read)

4) 뭔가가 내 다리 위로 기어 올라오는 게 느껴져.

   I _____ up my leg. (feel, crawl)

스피킹 연습 1-2

괄호 안의 단어를 이용해서 우리말 대화를 영어로 완성해 보세요.

1) A: 너 어젯밤에 나 봤어?

   Did you _____ last night? (see)

   B: 응, 네가 어떤 차에서 내리고 있는 거 봤어.

   Yes, I _____ out of someone's car. (see, get)

2) A: 잠깐만. 누가 소리지르는 거 못 들었어?

   Wait. Didn't _____? (hear, shout)

   B: 들었어.

   Yes, I _____. (do)

목적어가 어떻게 된 것을 보거나 듣거나 발견했다고 말할 때는 「지각 동사 + 목적어」 뒤에 과거분사(p.p)를 쓰세요.

'좋아하는 가수가 집 근처에서 야외 공연을 하는데, 엄청 많은 팬들한테 둘러싸여 있더라', 또는 '병원에서 순서를 기다리는 데 이름이 불리더라'와 같이 누구 혹은 무엇이 어떻게 된 걸 보거나 들었다고 말할 때는 목적어 뒤에 과거분사(p.p.)를 씁니다. 그리고 목적어가 어떻게 되고 있는 순간을 말할 때는 목적어 뒤에 being p.p.의 형태로 쓰기도 합니다.

I **saw** the singer **surrounded** by a lot of fans. 그 가수가 많은 팬들에 둘러싸여 있는 걸 봤어.

I **heard** your name **called**. I think it's your turn. 네 이름 불리는 거 들었어. 네 차례인 것 같아.

We **felt** ourselves **lifted** up. 우리는 몸이 위로 들려지는 걸 느꼈어.

I **saw** you **(being) followed** by someone. 네 뒤를 누가 따라가는 걸[따라가고 있는 걸] 봤어.

목적어가 어떻게 되게 한다고 말할 때는 「make, have, get + 목적어」를 쓰고 과거분사(p.p.)를 쓰세요.

세차장에 세차를 맡기거나 미용실에서 염색을 할 때와 같이 내가 어떤 것을 직접 하는 게 아니라 남으로 하여금 어떤 것을 하게 한다고 할 때는 누군가에게 어떻게 하라고 시킨다는 뜻의 동사인 have나 make, get을 쓰고 목적어를 쓴 다음에 과거분사(p.p.)를 씁니다.

Did you **have** your car **fixed**? 너 차 고쳤니?

Did you notice? I **had** my hair **dyed**. 알아차렸어? 나 염색했어.

I finally **had** my computer **upgraded**. 드디어 컴퓨터를 업그레이드했어.

Did you **get** your work **done**? 일 다 했어?

스피킹 연습 **2-1**

우리말과 같은 뜻이 되도록 괄호 안에 주어진 단어들을 변형하여 빈칸을 채우세요.

1) 우리는 그 배우를 많은 소녀 팬들이 따라가는 걸 봤어.

We _____ by a lot of girls. (see, the actor, follow)

2) 내가 보니까 창문이 깨져있더라.

I _____. (notice, the window, break)

3) 나는 이 노래를 미국 사람이 부르는 걸 들었어.

I _____ by an American. (hear, this song, sing)

4) 제가 보니까 댁의 지갑을 누가 소매치기하더라고요.

I _____. (witness, your purse, pickpocket)

스피킹 연습 **3-1**

보기에서 알맞은 단어를 골라 우리말에 맞게 변형하여 빈칸에 써 보세요.

보기   wash   fix   finish   cut

1) 우리 5시에 이 프로젝트 끝냅시다.

Let get this project _____ by 5.

2) 나는 꼭 세차만 하면 비가 오더라.

It starts to rain whenever I have my car _____.

3) 내가 네 노트북 수리 의뢰할게.

I'll have your laptop _____.

4) 나 머리 잘랐어.

I had my hair _____.

● 다음 우리말을 영어로 말해 보세요.

운전을 하다가 내 여동생이 빗속을 달려가는 걸 보았다. 나는 동생을 따라가서 그녀의 이름을 불렀다. 자기의 이름이 불리는 걸 듣고는, 동생은 뒤를 돌아봤다. 나는 동생에게 차에 타라고 말했다.

~하다가, ~하는 중에 while | 따라가다 follow | 뒤를 돌아보다 turn around | 차에 타다 get in the car

UNIT 16

I was sleeping when you called me.
나 네가 전화했을 때 자고 있었어.

태연 쌤's 말이 되는 과거진행형

아침에 일어났더니 밤 사이에 친구에게 부재중 전화가 와 있더라고요. 친구에게 전화해서 "너 어젯밤에 나한테 전화했었어?(Did you call me last night?) 나 네가 전화했을 때 자고 있었어.(I was sleeping when you called me.)"라고 했죠. 이렇게 '과거의 어느 시점에 또는 누가 무언가를 했을 때, 다른 누구는 ~하고 있었다'라고 말할 때는 과거진행형을 쓸 수 있어요. 과거진행형은 「주어 + was/were + 동사원형ing」의 형태로 과거의 시점을 나타내는 말들 즉, '오늘 아침 8시에(at 8 this morning)', '작년 이맘때쯤(this time last year)' 또는 '누가 ~했을 때'와 같은 과거 시제 문장과 함께 쓸 수 있습니다. '과거의 어느 시점에 또는 누가 무얼 할 때, 다른 누구는 ~하고 있었다'라는 표현을 과거진행형을 이용해서 말해 보세요.

★ 스피킹 노하우 1

'누가 ~을 하고 있을 때'는 과거 시제로, '~를 하고 있었다'는 과거진행형으로 쓰세요.

'내가 좋아하는 남자를 길에서 봤는데 어떤 여자랑 얘기를 하고 있더라'와 같이 '누가 ~했을 때, 뭐가 ~했을 때'라는 시점은 접속사 when과 함께 과거 시제로 쓰고, 그때 '누가 ~하고 있었다, 누가 ~하던 중이었다, 무엇이 ~하고 있었다'라는 표현은 과거진행형으로 씁니다.

- I, She, He, It, 3인칭 단수 주어 + was 동사원형ing
- You, We, They, 두 명[두 개] 이상의 주어 + were 동사원형ing

Dave **was talking** with a girl when I **saw** him. 내가 데이브를 봤을 때, 어떤 여자랑 얘기를 하고 있더라.

My parents **were watching** TV when I **got** home. 집에 갔더니 부모님이 텔레비전을 보고 계시더라.

It **was raining** heavily when I **arrived** at the airport.
공항에 도착했더니 비가 많이 오고 있더라고.

우리말과 같은 뜻이 되도록 괄호 안의 단어를 이용해서 영어 문장을 완성해 보세요.

1) 네가 우리 집에 왔을 때 난 운동하고 있었어.

I _____ when you _____ my place.
(work out, come to)

2) 네가 나한테 문자 보냈을 때 나는 자전거 타고 있었어.

I _____ when you _____.
(ride a bike, text me)

3) 헬싱키에 도착하니까 눈이 펑펑 쏟아지고 있더라고.

It _____ when I _____ Helsinki.
(snow heavily, land in)

4) 그 트럭이 끼어 들었을 때 나는 천천히 운전하고 있었어.

I _____ when the truck _____.
(drive slowly, cut in)

5) 그 사고가 일어났을 때 우리는 도시를 둘러보며 걷고 있었어.

We _____ the city when the accident _____.
(walk around, happen)

괄호 안의 단어를 이용해서 우리말 대화를 영어로 완성해 보세요.

1) A: 내가 전화했을 때 너 회사에서 일하고 있었니?

_____ at the office when I _____ you?
(work, call)

B: 아니, 나 집에서 쉬고 있었어.

No, I _____ at home. (rest)

2) A: 내가 한국에 도착했을 때 너랑 남편은 터키에서 여행 중이었어?

_____ in Turkey when I _____ in
Korea? (travel, arrive)

B: 응, 우린 유럽 전역을 여행하고 있었지.

Yes, we _____ all over Europe. (travel)

★ 스피킹 노하우 2

어느 시점에 하고 있던 일을 표현할 때 과거진행형 문장에 과거 시점을 나타내는 말을 쓰세요.

'어제 3시에 나 커피숍에서 커피 마시고 있었어'와 같이 과거의 어느 시점에 하고 있던 동작이나 행동을 표현할 때, 문장의 시제는 과거진행형으로 쓰고 과거의 시점을 나타내는 말을 함께 씁니다.

We **were playing** tennis **at 5 p.m. yesterday.** 어제 오후 5시에 우리는 테니스를 치고 있었어.

We **were listening** to Easy English **at 7:20 this morning.**
오늘 아침 7시 20분에 우리는 이지 잉글리쉬를 듣고 있었어.

My husband **was preparing** to go to work **at 7:40**. 7시 40분에 남편은 출근 준비를 하고 있었어.

★ 스피킹 노하우 3

'무엇을 하고 있던 중에'라는 말은 「while + 과거진행형 문장」으로 표현해 보세요.

'요리를 하다가 손가락을 베었다', '어떤 사람을 도와주다가 사랑에 빠졌다'와 같이 '과거에 어떤 일을 하고 있을 때' 또는 '어떤 것을 하던 중에'라는 표현은 접속사 while을 쓰고 뒤에 과거진행형 문장을 써서 표현할 수 있습니다.

I <u>cut</u> my finger **while I was cooking.** 나 요리하다가 손가락을 베었어.

I <u>fell</u> in love **while I was helping him.** 그 사람을 도와주다가 사랑에 빠졌지.

We <u>found</u> a wedding ring **while we were cleaning up the house.**
우리는 집을 청소하다가 결혼 반지를 찾았어.

스피킹 연습 2-1 보기에서 알맞은 단어를 골라 우리말에 맞게 변형하여 빈칸을 채워 보세요.

> 보기   text   listen   have   do

1) 나는 그 시간에 사무실에서 회의 중이었어.

   I _____ a meeting at my office at that time.

2) 우리는 7시 20분에 우리가 좋아하는 라디오 프로그램을 듣고 있었어.

   We _____ to our favorite radio show at 7:20.

3) 그 사람이랑 나는 어젯밤 10시에 서로 문자를 주고 받고 있었어.

   He and I _____ each other at 10 last night.

4) 너는 어제 이 시간에 뭐하고 있었니?

   What _____ at this time yesterday?

스피킹 연습 3-1 우리말과 같은 뜻이 되도록 괄호 안의 단어를 이용해서 영어 문장을 완성해 보세요.

1) 나 강아지 산책을 시키다가 미끄러져서 넘어졌어.

   I _____ while I _____ my dog. (slip and fall, walk)

2) 나는 그 강의를 듣다가 잠이 들어버렸어.

   I _____ while I _____ to the lecture.
   (fall asleep, listen)

3) 우리는 저녁을 먹다가 접시를 떨어뜨렸어.

   We _____ while we _____ dinner. (drop a plate, have)

4) 길을 걷다가 옛 남자친구와 마주쳤어.

   I _____ while I _____ along the street.
   (run into my ex-boyfriend, walk)

● **다음 우리말을 영어로 말해 보세요.**
아침에 운전 중에 친구가 전화를 했고 나는 받을 수 없었다. 오후에 친구가 문자를 보내서, "아침에 내가 전화했을 때 너 뭐하고 있었어?"라고 했다. 나는 "운전하고 있었어."라고 답장을 보냈다.

받다 get | 답장을 보내다 text back

UNIT 17

I used to be very shy when I was young.

나는 어렸을 때는 아주 수줍음이 많았어.

지금과는 다른 과거의 상태나 상황을 나타내는 used to로 말하기

 태연 쌤's 말이 되는 ## used to

저는 지금은 아주 외향적으로 사람들과 잘 어울리는 사교적인 성격이지만, 어렸을 때랑 학교 다닐 때는 아주 소심하고 소극적이었던 것 같아요. 이걸 영어로 하면, "I used to be very shy when I was young."인데요, used to를 써서 말하면 어렸을 때는 수줍음이 많았지만 지금은 아니라는 의미를 포함합니다. 그냥 과거 시제로 말하는 "I was very shy when I was young."은 내가 어렸을 때 수줍음이 많았다는 사실만 말했을 뿐이지 지금 성격이 어떤지는 모른다는 의미예요. 이렇게 '지금은 아니지만 전에는 어땠었다, 전에는 ~를 했었다'라고 할 때는 used to 뒤에 동사원형을 넣어서 말합니다. 지금과는 다른 과거의 상황, 상태, 성격 등에 대해서 말할 때 used to 뒤에 동사원형을 넣어서 표현해 보세요.

★ 스피킹 노하우 1

'지금은 아니지만 전에는 어땠었다'라고 할 때, used to 뒤에 동사원형을 쓰세요.

지금은 아닌데 전에는 그랬었던 일들, 예를 들면 '지금은 일산에 살지만, 전에는 서울에 살았었다', '지금은 헤어졌지만 예전에 소미랑 사귀었었다', '예전에 나는 꽤 말랐었다'와 같은 말을 할 때 used to 뒤에 동사원형을 써서 표현할 수 있습니다.

I **used to** <u>live</u> in Bundang. 난 전에 분당에 살았어.

I **used to** <u>have</u> long hair. 난 예전에는 머리가 길었어.

We **used to** <u>hang</u> out with each other. 우린 예전에는 같이 만나서 놀았었어.

My husband and I **used to** <u>talk</u> a lot. 남편과 나는 예전에는 대화를 많이 했었어.

우리말과 같은 뜻이 되도록 used to와 괄호 안의 단어를 이용해서 영어 문장을 완성해 보세요.

1) 저는 전에는 프리랜서로 일했었어요.

   I _____ as a freelancer. (work)

2) 나는 전에는 부모님이랑 살았었어.

   I _____ with my parents. (live)

3) 내 여동생은 아주 말랐었어.

   My sister _____. (be very slim)

4) 내 남자친구랑 나는 그 식당에서 자주 밥을 먹었지.

   My boyfriend and I _____ at that restaurant very often. (eat)

5) 나는 전에는 에릭이 불친절하다고 생각했었어.

   I _____ Eric was unfriendly. (think)

다음 우리말 대화의 밑줄 친 부분과 뜻이 같도록 괄호 안의 단어를 이용해 빈칸을 채우세요.

1) A: 나는 어렸을 때 미국에서 살았어.

   I _____ in America when I was young. (live)

   B: 그곳이 그립지 않니?

   Don't you miss there?

2) A: 넌 어렸을 때도 키가 컸니?

   Were you tall when you were young?

   B: 아니, 나 아주 작았었어.

   No, I _____. (short)

★ 스피킹 노하우 2

used to의 부정문은 「didn't use to + 동사원형」, 의문문은 「Did 주어 + use to + 동사원형?」으로 말합니다.

친구들이 '애를 키우다 보니 이렇게 목소리가 커졌지, 예전에는 이렇게 시끄럽지 않았어'라는 말을 하는데요, '예전에는 ~하지 않았다. 전에는 지금과는 다르게 어떠했었다'라고 말할 때는 모든 주어 뒤에 「didn't use to + 동사원형」을 쓰면 됩니다. 또 '예전에 ~했었어?'라고 물어볼 때는 「Did 주어 + use to 동사원형?」으로 쓰세요.

I **didn't use to** <u>like</u> mushrooms. 나는 버섯을 안 좋아했었어.

My son **didn't use to** <u>read</u> books. 우리 아들은 전에는 책을 안 읽었었어요.

My husband **didn't use to** <u>cook</u>. 남편은 예전에는 요리를 안 했었어.

Did you **use to** <u>date</u> him? 너 그 남자랑 사귀었었어?

Did you **use to** <u>live</u> in Seoul? 너 서울에 살았었어?

★ 스피킹 노하우 3

'전에는 어땠는데 지금은 어떻다'라는 말은 used to와 현재 시제를 함께 써서 표현하세요.

예전과 달라진 것들 중 어떤 것들이 생각나세요? 어렸을 땐 통통했는데 지금은 말랐다거나 전에는 여행을 많이 했었는데 요새는 바빠서 못한다는 것처럼 지금과 달랐던 과거의 일을 표현할 때 예전에 그랬던 것은 「used to + 동사원형」으로, 지금 상황은 현재 시제로 표현합니다.

I **used to** live in Hapjeong but I **live** in Ilsan now. 난 전에는 합정에 살았는데 지금은 일산에 살아요.

I **used to** be very shy, but I'**m** outgoing now.
저는 예전에는 아주 수줍음을 많이 탔었는데, 지금은 외향적이에요.

We **used to** be together, but we **are** not anymore. 우리는 예전에 사귀었는데 이제는 그렇지 않아.

My husband **used to** go fishing very often, but he **doesn't go** anymore.
남편이 예전에는 낚시를 하러 자주 갔었는데, 이제는 안 가더라.

우리말과 뜻이 같도록 괄호 안의 단어를 이용해 빈칸을 채우세요.

1) 나는 전에는 브로콜리를 안 좋아했었어.

I _____ broccoli. (like)

2) 당신, 전에는 옷에 돈을 많이 안 썼었잖아.

You _____ on clothes. (spend)

3) 당신은 결혼 전에 커피를 좋아했었어?

Did you _____ before getting married? (like)

4) 내 딸이 전에는 게임을 그렇게 많이 하지 않았었는데.

My daughter _____ that much. (play)

보기에서 알맞은 단어를 골라 우리말에 맞게 영어 문장을 써 보세요.

보기   have   play   drink   hang out   like   see   be

1) 난 전에는 머리가 길었는데, 지금은 짧아요.

I _____ long hair, but my hair _____ short now.

2) 나는 그 애랑 전에는 많이 만나서 놀았는데, 요즘은 잘 못 봐.

I _____ with her a lot, but I rarely _____ her these days.

3) 우리 아빠는 전에는 테니스를 치셨었는데, 요즘은 집에서 피아노 치시는 걸 좋아하셔서.

My father _____ tennis, but he _____ playing the piano at home these days.

4) 그는 전에는 술을 많이 마셨었는데, 지금은 커피를 더 마셔.

He _____ alcohol a lot, but he _____ coffee more now.

● 다음 우리말을 영어로 말해 보세요.

나는 전에는 꽤 부정적이었다. 어떤 것의 밝은 면을 보려고 하지 않았다. 하지만 내 여자친구 덕분에 긍정적이 되었다. 여자친구와 함께라면 어느 것이든 할 수 있을 것 같다.

꽤 quite | 부정적인 pessimistic | ~의 밝은 면을 보다 look on the bright side of ~ | ~ 덕분에 thanks to ~ | 긍정적 인 optimistic

I've been to Spain three times.

저는 스페인에 세 번 가 봤어요.

과거의 일이 지금의 경험이나 결과로 남은 것을 나타내는 현재완료로 말하기

 태연 쌤's 말이 되는 **현재완료(경험, 결과)**

저는 여행을 많이 다녔는데요, 제가 좋아하는 스페인에는 세 번 가 봤습니다.(I've been to Spain three times.) 또 터키에서는 패러글라이딩을 해 봤습니다.(I've gone paragliding in Turkey.) 이렇게 '어디에 가 봤다, 어떤 것을 해 봤다, 무엇을 먹어 봤다'와 같이 과거에 해 봤던 경험을 말할 때 have p.p. 형태의 현재완료를 쓸 수 있어요. 또, 과거에 어떤 일이 있었는데 그 결과가 지금까지 남아 있을 때도 현재완료를 쓸 수 있습니다. 예를 들어, 내가 USB를 잃어버리고 현재까지 못 찾았으면, "I've lost my USB."라고 하는 거죠. 현재완료는 주어에 맞게 have나 has 중에서 하나를 쓰고 이어서 동사의 과거분사(p.p.)를 쓰면 됩니다. 현재완료는 과거만 나타내는 과거 시제와 달리, 과거에 발생한 일이 현재까지 경험이나 결과로 연결되는 시제이기 때문에 과거를 나타내는 말과는 함께 쓸 수 없어요. 예전에 해 봤던 일이나 과거의 일이 지금까지 결과로 남아 있을 때 현재완료를 써서 말해 보세요.

★ 스피킹 노하우 1

예전에 해 봤던 것에 대해서 말할 때 현재완료 시제를 쓰세요.

과거 시제를 쓰면 그냥 과거의 어느 때 그랬다는 것 뿐이지만 현재완료로 쓰면 '~해 봤다, ~을 해 본 적이 있다'와 같이 그 일이 지금의 경험으로 남아 있다는 의미가 됩니다. 무언가 해 봤다는 경험을 이야기할 때 주어에 맞게 have나 has를 쓰고, 이어서 동사의 과거분사(p.p.)를 쓰세요. 상대방이 어떤 것을 해 봤는지 물을 때는 「Have you ever + 과거분사?」의 형태로 묻기도 합니다.

I've been to Europe five times. 나는 유럽에 다섯 번 가 봤어.

We've had dates in the Hongdae area. 우리는 홍대 근처에서 데이트를 했었어.

Mike **has worked** here as a freelancer before. 마이크는 전에 여기서 프리랜서로 일한 적이 있어.

Have you ever tried vegetarian food? 너 채식 요리를 먹어본 적 있니?

우리말과 같은 뜻이 되도록 괄호 안의 단어를 이용해서 영어 문장을 완성해 보세요.

1) 아, 나 전에 그 고객 만난 적 있어.

   Ahh, _____ that client before. (meet)

2) 너 그 식당 가 본 적 있니?

   _____ to the restaurant? (ever, be)

3) 난 그 뮤지컬 세 번 봤어.

   I _____ the musical three times. (see)

4) 켈리는 유명인 남자친구를 사귄 적이 있어.

   She _____ a celeb boyfriend. (have)

5) 우린 그 사람들이랑 협업을 해 본 적 있어.

   We _____ with them. (collaborate)

괄호 안의 단어를 이용해서 우리말 대화를 영어로 완성해 보세요.

1) A: 너 봉준호 감독 영화 '살인의 추억' 봤어?

   _____ the movie, *Memories of Murder* by the director,
   Bong Joonho? (see)

   B: 아니, 그런데 '옥자'는 본 적 있어.

   No, but I _____ *Okja*. (see)

2) A: 넌 해외 여행 많이 가 봤어?

   _____ abroad a lot? (travel)

   B: 아니! 도쿄에 딱 한 번 가 봤어.

   Nope! I _____ to Tokyo only once. (be)

과거에 일어난 일이 지금 결과로 남아있을 때 현재완료 시제를 쓰세요.

현재완료 시제는 과거에 어떤 일이 일어났다는 것만 의미하는 과거 시제와 달리 그래서 지금 어떤 상태라는 것까지 포함해서 알려줍니다. "I lost my laptop at the airport."라고 하면 공항에서 노트북을 잃어버렸는데, 그 후에 찾았는지 못 찾았는지는 현재는 알 수 없지만 "I've lost my laptop at the airport."라고 하면, 공항에서 노트북을 잃어버려서 지금까지 못 찾은 상태라는 뜻이 됩니다.

Dan **has gone** back to Canada. 댄은 캐나다로 돌아가버렸어.

I**'ve lost** my car key. 나 자동차 열쇠 잃어버렸어.

We**'ve bought** a new car. 우리 차 새로 샀어.

I**'ve left** my phone charger in a taxi. I need to get a new one.
내가 전화 충전기를 택시에 두고 왔어. 새 거 하나 사야 해.

현재완료의 부정문은 have/has 뒤에 not을 쓰세요.

'나는 모로코 음식 먹어본 적 없어', '내가 그 노트북을 망가뜨리지 않았어'처럼 '~해 본 적이 없다' 혹은 '~를 하지 않았다'와 같이 말할 때는 현재완료 시제의 부정문인 have/has not p.p. 혹은 haven't/hasn't p.p.를 이용해 말합니다. not 대신 never를 써서 have/has never p.p.라고 쓰기도 합니다.

A: Have you dated a younger guy? 넌 연하인 남자와 사귀어 봤어?

B: No, I **haven't dated** a younger guy. 아니. 나는 연하인 남자와 사귄 적 없어.

I **haven't used** your phone. 나 네 전화기 안 썼어.

He is fluent in English, but he said he **has never studied** abroad.
그의 영어는 유창한데, 외국에서 공부를 해 본 적이 없대.

I**'ve never traveled** alone. 나는 혼자 여행을 해 본 적이 없어.

2-1 보기에서 알맞은 단어를 골라 우리말에 맞게 빈칸을 채우세요.

> 보기   leave   go   buy   lose

1) 나 스마트폰을 잃어버렸어.

    _____ my smartphone.

2) 그녀가 나를 떠나다니, 믿어지지가 않아.

    I can't believe _____ me.

3) 그분은 미국 출장 가고 안 계십니다.

    _____ on a business trip.

4) 나 내 차 샀어.

    _____ my own car.

3-1 괄호 안의 단어를 이용해 우리말 뜻에 맞게 빈칸을 채워 보세요.

1) 이런 종류의 일은 해 본 적이 없습니다.

    I _____. (do this kind of job)

2) 나는 아직 누굴 꾸준히 사귀어 본 적이 없어.

    I _____ yet. (go steady with anyone)

3) 넌 모든 걸 다 잃은 게 아냐. 내가 곁에 있잖아.

    You _____. I'm with you. (lose everything)

4) 다행히 모두가 다치진 않았어.

    Fortunately, not everybody _____. (be hurt)

● 다음 우리말을 영어로 말해 보세요.

최근에 남자친구와 헤어졌어요. 이제껏 이런 감정을 느껴본 적이 없어요. 모든 것을 잃은 것만 같은 기분이에요.

~와 헤어지다 break up with ~ | 이런 감정을 느끼다 feel this way | ~한 기분이다 feel like | 모든 것을 잃다 lose everything

UNIT 19

We've been dating for six months.

우리 6개월째 사귀고 있어.

과거에 시작한 일을 완료했거나 지금도 하고 있는 것을 나타내는 현재완료로 말하기

태연 쌤's 말이 되는 ## 현재완료(계속, 완료)

몇 달째 데이트를 하고 있는 친구에게 물었습니다. "How long have you been dating?(너희 얼마나 사귄 거지?)" 그랬더니 친구는 "We've been dating for six months.(우리 사귄 지 6개월 됐어.)"라고 하더라고요. 이렇게 과거부터 현재까지 계속 어떤 것을 하고 있다고 말할 때 현재완료를 쓸 수 있습니다. 과거에서 시작한 일을 지금도 계속 진행 중일 때는 현재완료에 진행형을 더한 현재완료 진행형으로 말할 수 있어요. 형태는 「주어 + have/has been + 동사원형ing」입니다. 그리고 "I've just finished my work.(나 방금 일을 끝냈어.)"처럼 과거에 시작한 일을 지금 끝냈을 때도 현재완료를 씁니다. 현재완료를 사용하여 과거에 시작해서 현재까지 계속 하고 있는 일 또는 과거에 시작해 현재에 완료한 일을 말해 보세요.

★ 스피킹 노하우 1

과거에 시작한 것이 지금까지 계속된다는 의미의 현재완료는 for, since와 함께 쓰세요.

'우리는 이 집에서 6년째 살고 있다', '결혼한 지 3년 됐다'와 같이 말할 때 모두 현재완료(have/has p.p.) 시제를 쓰면 됩니다. '언제부터' 또는 '얼마 동안'을 말할 때는 since와 for를 이용해 표현합니다.

- since + 주어 + 동사의 과거 시제(since they came, since it started, since they left 등)
- since + 과거의 시점(since 2009, since March, since last month, since two years ago 등)
- for + 숫자로 표현하는 기간(for three months, for ten years 등)

Mike and I **have been** together <u>since April</u>. 마이크와 나는 4월부터 사귀고 있어.

They**'ve been** together <u>since they started working at the same office</u>.
걔네들은 같은 회사에서 일한 이후로 계속 사귀는 중이야.

We**'ve traveled** in Europe <u>for six months</u>. 우리는 6개월째 유럽 여행 중이야.

Min **has lived** at her friend's house <u>for 2 years</u>. 민은 2년째 자기 친구네 집에서 지내고 있어.

우리말에 맞게 보기에서 알맞은 동사를 골라 적절히 변형하여 쓰고, for와 since 중 맞는 것을 써 넣으세요.

보기　　　　work　　have　　stay　　travel　　live

1) 난 작년부터 여기에서 지내고 있어.

I _____ here _____ last year.

2) 저는 여기서 10년째 일하고 있습니다.

I _____ here _____ ten years.

3) 그 남자는 태어나서 쭉 같은 집에서 살아.

He _____ at the same place _____ he was born.

4) 나는 3월부터 이 취미를 가지고 있어.

I _____ this hobby _____ March.

5) 우리 삼촌은 7개월간 남미를 여행하고 계셔.

My uncle _____ in South America _____ seven months.

괄호 안의 단어를 이용해서 우리말 대화를 영어로 완성해 보세요.

1) A: 이 건강 보조 식품을 드신 지 얼마나 되셨나요?

How long _____ this health supplement? (have)

B: 2개월 전부터요.

_____. (two months ago)

2) A: 넌 새해의 결심을 지키고 있니?

_____ your New Year's resolution? (keep)

B: 물론이지. 10개월째 담배를 피우지 않고 있어.

Of course. I _____. (smoke, 10 months)

과거에 시작한 일을 지금도 계속하고 있다고 강조할 때는 현재완료 진행형을 쓰세요.

'미국에서 한국으로 와서 9년째 살고 있고, 지금도 한국에 살고 있다'와 같이 과거에 시작한 것이 현재까지도 계속되고 있고, 지금도 그렇게 하고 있는 중이라는 것을 강조할 때는 현재완료 진행형, 즉 주어 뒤에 have/has been -ing를 써서 말할 수 있습니다.

He's **been living** in Korea for 9 years. 그는 9년째 한국에서 살고 있어.

I've **been using** this blender since 2010. 나는 2010년부터 이 믹서기를 쓰고 있어.

How long **have** you **been learning** Chinese? 중국어를 얼마 동안 배우고 있는 거야?

It's unbelievable! It's **been raining** for ten days in a row. 놀랍다! 열흘 연속으로 비가 오고 있어.

과거에 시작한 일을 이제 끝냈다고 할 때 현재완료를 쓰세요.

한 달 전에 시작한 팀 프로젝트를 이제 막 끝냈을 때와 같이 과거에 시작한 일을 이제 막 끝냈을 때, 혹은 아직 끝내지 못했다고 할 때도 현재완료를 쓸 수 있습니다. 문장의 의미에 따라 just(이제 막), already(벌써), yet(아직) 등을 넣어서 말할 수 있어요.

Whew, I've just **finished** making a schedule. 휴우. 이제 막 스케줄을 다 짰다.

Have you already **sent** her the email? 벌써 그녀에게 이메일을 보냈어?

We've just **sold** our apartment. 우리 이제 막 아파트를 팔았어.

He **hasn't asked** me out yet. 그가 아직 나한테 데이트 신청을 안 했어.

보기에서 알맞은 단어를 골라 우리말에 맞게 영어 문장을 써 보세요.

| 보기 | wait for | write | cry | wonder |

1) 난 그게 어떻게 일어났는지 궁금해 하고 있어.

I _____ how that happened.

2) 저 남자 애 하루 종일 너 기다리고 있어.

That boy _____ you all day.

3) 그 여자는 2016년 이래 줄곧 자서전을 쓰고 있어.

That woman _____ her autobiography since 2016.

4) 저 아이는 거의 한 시간째 울고 있어.

That child _____ for almost an hour.

우리말과 같은 뜻이 되도록 괄호 안의 동사를 이용해서 영어 문장을 완성해 보세요.

1) 이제 막 숙제 끝냈어요.

_____ my homework. (just, do)

2) 프레젠테이션 준비는 벌써 끝냈어요.

_____ preparing for the presentation. (already, finish)

3) 우리 이제 막 점심 먹었어.

We _____ lunch. (just, eat)

4) 아직 보고서를 시작도 못 했어요.

_____ even _____ the report _____. (start, yet)

나의 영어
스피치!

● 다음 우리말을 영어로 말해 보세요.
저는 제이슨과 3년째 만나고 있어요. 제이슨은 한국에서 10년째 살고 있죠. 방송 일을 한 지는
5년쯤 됐고요. 우린 계속 좋은 관계를 유지하고 있어요.

~와 만나다, 교제하다 date ~ | ~에 종사하다, 일하다 be engaged in ~ | 방송계 broadcasting | 좋은 관계를 유지하다
keep a good relationship

UNIT 20

I can give you a ride.
제가 태워다 드릴게요.

태연 쌤's 말이 되는 **가능, 능력을 나타내는 조동사**

비가 많이 내리는 날, 전철역까지 걸어가는 동료에게 말했습니다. "제가 태워다 드릴게요.(I can give you a ride.)" 그랬더니, "괜찮아요. 걸어갈 수 있어요.(No, thanks. I can walk.)"라고 하더라고요. 이렇게 'give you a ride(당신을 태워주다)' 앞에 can을 써서 'can give you a ride'라고 하면 '당신을 태워줄 수 있다'가 되고, 'walk(걷다)' 앞에 can을 써서 'can walk'라고 하면 '걸어갈 수 있다'가 되죠. 이런 식으로 동사에 가능이나 능력을 뜻하는 의미를 더해야 할 때 동사원형 앞에 조동사 can, could, be able to를 쓸 수 있습니다. '무엇을 할 수 있다, 무엇을 할 줄 안다'라고 말할 때 조동사 can, could, be able to를 써서 말해 보세요.

★ 스피킹 노하우 1

'할 수 있다', '할 수 없다'라고 할 때는 동사원형 앞에 can이나 can't를 쓰세요.

'나 일본어 할 줄 알아', '내 컴퓨터 써도 돼'와 같이 '~할 수 있다, ~해도 돼'라고 말할 때는 조동사 can 을 쓰고 뒤에 동사원형을 쓰세요. 반대로 '~할 수 없다'라고 할 때는 can not을 줄인 말인 can't 뒤에 동사원형을 쓰면 됩니다. can은 어떤 것을 할 줄 안다는 능력을 가리키기도 하고 '어떻게 될 수도 있다' 라는 가능을 뜻하기도 해요. 누가 어떤 것을 할 줄 아는지 물을 때는 「Can + 주어 + 동사원형?」의 형태로 씁니다.

My son **can** <u>swim</u>. 내 아들은 수영을 할 줄 알아.

I **can't** <u>make</u> it tonight. 나 오늘 저녁에 못 가겠어.

I **can't** <u>decide</u> what to do. 어떻게 해야 할지 결정을 못 하겠네.

Can you <u>help</u> me with this? 나 이거 좀 도와줄 수 있어?

Can you <u>take</u> some time off in October? 너 10월에 시간 좀 뺄 수 있어?

can 또는 can't와 괄호 안의 단어를 이용해서 우리말에 맞게 빈칸을 채우세요.

1) 나 오늘 저녁에 못 가겠어.

   I _____ tonight. (make it)

2) 우리는 어떻게 해야 할지 결정을 못 내리겠어.

   We _____ what to do. (decide)

3) 쥬드는 아파서 콘서트에 못 가.

   Jude _____ because he's sick. (go to the concert)

4) 남편이 텐트를 칠 줄 알아요.

   My husband _____. (set up a tent)

5) 내 선글라스를 못 찾겠어.

   I _____ my sunglasses. (find)

can 또는 can't와 괄호 안의 단어를 이용해서 우리말 대화를 영어로 완성해 보세요.

1) A: 내 대신 표를 좀 예약해 줄 수 있어?

   _____ a ticket for me? (reserve)

   B: 그럼. 내가 네 대신 해줄게.

   Sure. I _____ that for you. (do)

2) A: 너희들 여기서 뭐가 다른 지 알겠니?

   _____ you _____ any difference here? (see)

   B: 아니요, 모르겠어요. 다른 점을 못 찾겠어요.

   No, we _____. We _____ any difference. (find)

'할 수 있었다'라고 할 때는 could, '할 수 없었다'라고 할 때는 couldn't를 쓰세요.

'그 때는 내가 두 시간도 뛸 수 있었어'와 같이 과거 시제로 '~할 수 있었다'라고 말할 때는 could 뒤에 동사원형을 쓰고, '~할 수 없었다'라고 말할 때는 could not을 줄인 couldn't 뒤에 동사원형을 쓰세요.

Could you <u>communicate</u> with them? 그 사람들이랑 소통을 할 수 있었어?

I thought I **could** <u>handle</u> it. 내가 해결할 수 있을 줄 알았지.

We **couldn't** <u>have</u> dinner until 9 p.m. 우리는 저녁 9시까지 저녁을 못 먹었어.

I **couldn't** <u>understand</u> their English. 난 그들의 영어를 못 알아듣겠더라.

'~할 수 있다'라고 할 때 can 대신 주어와 시제에 맞는 be동사를 쓰고 「able to + 동사원형」을 쓰세요.

can과 같은 뜻을 가진 표현으로 be able to가 있는데요, 말하고 싶은 시제에 맞게 be동사를 변형해서 쓰면 돼요. 현재 시제면 am, are, is 중에서, 과거 시제면 was, were 중에서, 그리고 미래 시제면 will be를 쓰고, able to 뒤에 동사원형을 씁니다. '~할 수 없다'라고 말할 때는 be동사 뒤에 not을 쓰고 「able to + 동사원형」을 쓰면 됩니다.

I'm **able to** <u>help</u> you this weekend. 이번 주말에 내가 너를 도와줄 수 있어.

I think I'll **be able to** <u>work</u> on it tomorrow. 내일 그거 할 수 있을 것 같아.

Sorry, we're **not able to** <u>join</u> you this time. 미안해, 이번에는 우리가 너희랑 함께 못할 것 같아.

스피킹
연습
2-1

could 또는 couldn't와 괄호 안의 단어를 이용하여 우리말에 맞게 빈칸을 채우세요.

1) 난 어제 하루 월차를 낼 수 있었어.

   I _____ yesterday. (take a day off)

2) 주차장을 못 찾아서 늦었어.

   I was late because I _____. (find a parking lot)

3) 빨리 답신을 못해서 미안.

   I'm sorry, I _____ quickly. (respond to you)

4) 내가 그걸 혼자 할 수 있을 것 같지 않더라고.

   I didn't think I _____ alone. (do that)

스피킹
연습
3-1

be able to를 이용하여 우리말에 맞게 괄호 안의 단어를 적절히 배열하여 쓰세요.

1) 우리 거기에 제 시간에 도착할 수 있었어.

   We _____ on time. (there, get)

2) 저녁식사 후에 너한테 다시 전화 할 수 있을 거야.

   I _____ after dinner. (you, back, call)

3) 제 아들은 내일 학교에 못 갈 거예요.

   My son _____ tomorrow. (to, school, go)

4) 저희는 아침식사 후에 로비에서 선생님을 뵐 수 있습니다.

   We _____ after breakfast.
   (you, meet, the lobby, in)

나의 영어
스피치!

● **다음 우리말을 영어로 말해 보세요.**
저는 이번 주에 할 일이 아주 많지만 그것들을 다 끝낼 수 있을 것 같아요. 문제는 친구들을 전혀 만날 수가 없다는 겁니다. 다음 주에는 충분한 여유 시간을 가질 수 있을까요?

다행히 luckily ┃ 문제는 ~다 the thing is that ~ ┃ 충분한 enough ┃ 여유 시간 free time

UNIT 21

You should bundle up.

껴입고 나가야 해.

해야 한다는 뜻의 조동사 must, have to, should, had better로 말하기

태연 쌤's 말이 되는 의무, 조언을 나타내는 조동사

제 친구가 딸을 키우는데 아침마다 유치원에 입고 갈 옷을 고르느라 실랑이를 벌인다고 하네요. 날씨는 무지무지 추운데 딸은 얇고 예쁜 원피스를 입겠다고 조른답니다. 제 친구가 "날씨가 엄청 추워! 껴입고 나가야 해.(It's freezing cold outside! You should bundle up.)"라고 몇 번을 얘기해도 안 듣는대요. 그러면 창문을 활짝 열어 얼마나 추운지 느껴보라고 한답니다. 이렇게 상대방에게 '어떻게 하는 게 좋겠다'라고 하거나, '규칙상 ~을 해야만 한다'라고 할 때 또는 상대방에게 조언의 의미로 말할 때는 조동사 must, have to, should, had better 뒤에 동사원형을 쓰면 됩니다. 반드시 해야 한다는 강한 의미로 must를, 좀 더 가벼운 의무의 의미로 have to를, 상대방에게 조언을 해주는 느낌으로는 should 또는 had better를 넣어 말해 보세요.

★ 스피킹 노하우 1

'반드시 ~해야 해, ~하면 절대로 안돼'라고 말할 때 must, must not 뒤에 동사원형을 쓰세요.

'제한 속도로 달려야 해'와 같이 규칙이나 법에 따라 '반드시 ~해야 해'라고 말하거나 아주 강한 어감으로 '~해야 해'라고 말할 때는 must 뒤에 동사원형을 쓰면 됩니다. 반대로 '~하면 안돼', '~하지 마'라고 할 때는 must not 뒤에 동사원형을 쓰면 됩니다. must, must not은 그렇게 안 하면 큰일이 날 것 같은 강한 어감을 가지고 있어서 특별한 상황에서만 주로 쓰인다는 점을 주의하세요.

You **must** drive under the speed limit. 제한 속도 이하로 달려야 해.

We **must** follow the rules. 규칙을 지켜야지.

You **must not** smoke in the office. 사무실 안에서는 담배를 피우면 안돼.

must나 must not과 괄호 안의 단어를 이용하여 우리말에 맞게 빈칸을 채우세요.

1) 이 규칙을 명심하고 있어야 해.

   You _____ this rule in mind. (keep)

2) 내가 열쇠를 어디다 뒀든지 생각해내야 해.

   I _____ where I put my keys. (figure out)

3) 우린 그렇게 사소한 일로 속을 끓이면 안돼.

   We _____ such small things. (worry about)

4) 케빈은 저녁 7시까지 숙제를 끝내야 해.

   Kevin _____ his homework by 7 p.m. (finish)

5) 그 팀이 챔피언이 되려면 한 경기에서 또 지면 안돼.

   The team _____ another game if they want to be the champions. (lose)

괄호 안의 단어를 알맞게 배열하여 우리말 대화를 영어로 완성해 보세요.

1) A: 조심해요! 코펜하겐에서는 자전거 도로에 서 있으면 안돼요.

   Watch out! You _____ in Copenhagen.
   (the bike lane, stand, must, in, not)

   B: 우와, 여기서는 자전거를 엄청 빨리 달리네요!

   Wow, the bikers _____ here! (too, fast, are)

2) A: 우리 여기서 사진 찍어도 돼요?

   Can we take pictures here?

   B: 여기서 사진을 찍으려면 사전에 허가를 받아야 해요.

   We _____ here.
   (permission, get, to take, pictures, must)

'~해야 해'라고 할 때 have to, has to **뒤에 동사원형을 쓰세요.**

have to나 has to도 '~해야 해'라는 뜻이지만 must만큼 강한 어감이 아니라 일상생활에서 가볍게 말할 때 많이 쓰는 조동사입니다. have to는 have got to 또는 have를 빼고 got to라고만 쓰기도 합니다. 의미는 같아요. don't have to, doesn't have to는 '~하지 않아도 된다'라는 뜻입니다.

- I have to = I've got to = I got to
- She has to = She's got to = She got to

We **have to** get there by 3:10. 우리는 3시 10분까지 거기 도착해야 해.

You**'ve got to** take a train to get there. 거기 가려면 기차를 타셔야 해요.

Talk to you later. I**'ve got to** go now. (전화 끊을 때) 나중에 통화하자. 끊어야 해.

조언하는 느낌으로 말할 때는 should**나** had better **뒤에 동사원형을 쓰세요.**

상대방에게 '너 ~하는 게 좋겠어'라고 말할 때 쓰는 should와 had better는 둘 다 뒤에 동사원형을 쓰는데 어감이 살짝 다릅니다. should는 '그냥 ~해, ~하는 게 좋겠어'라는 느낌으로 쓰이고, had better는 '이렇게 하는 게 더 낫겠는데, 웬만하면 이렇게 하지'라는 느낌이어서 보통 윗사람이나 어려운 사람에게는 쓰지 않고 가벼운 충고를 해도 되는 친구나 가까운 사람에게 씁니다.

You **should** wear a jacket in this weather. 이런 날씨에는 재킷을 입어야 해.

We **should** think about this carefully. 우리 이것에 대해서 신중하게 생각을 해봐야 해.

You**'d better** take an umbrella with you. 우산 가져가는 게 좋겠다.

I'm afraid we're lost. We**'d better** ask for directions.
우리 길을 잃었나 봐. 길을 물어보는 게 좋겠어.

have to를 주어에 맞는 형태로 쓰고 괄호 안의 단어를 이용해 우리말에 맞게 빈칸을 채우세요.

1) 우리는 도서관에서 조용히 해야 해.

   We _____ in the library. (quiet)

2) 내가 새로 산 원피스를 봐!

   You _____ the new dress I bought! (see)

3) 난 이번 주말까지 청첩장을 만들어야 해.

   I _____ wedding invitations by this weekend. (make)

4) 걘 학교 댄스파티에 함께 갈 파트너를 새로 찾아야 해.

   She _____ for the school dance. (find a new date)

밑줄 친 부분의 뜻이 되도록 괄호 안의 단어를 올바르게 배열하여 빈칸을 채우세요.

1) 부모님 걱정하시기 전에 <u>부모님께 전화를 드리는 게 좋겠어.</u>

   _____ before they get worried.

   (call, your parents, you, had better)

2) 우리 잠자리에 들기 전에 <u>우리 방 청소해야 해.</u>

   We _____ before we go to bed.

   (clean up, should, our room)

3) 우리 누가 보기 전에 <u>이 쓰레기를 내다 버려야겠다.</u>

   _____ before anyone sees it.

   (had better, take away, we, this trash)

4) 애들이 아플 때도 <u>내가 출근을 해야 하는 건지</u> 잘 모르겠어.

   I'm not sure if _____ when my kids are sick.

   (should, I, work, to, go)

나의 영어 스피치!

● 다음 우리말을 영어로 말해 보세요.
우리는 손님들 오시기 전에 음식 준비해야 해요. 거실 청소는 안 해도 되지만 대신 화장실 청소를 좀 해야 해요. 서두르는 게 좋겠어요!

준비하다 prepare ┃ 서두르다 hurry up

UNIT 22

We might go to Italy, but we're not sure yet.

우리 아마 이태리에 갈 거야, 근데 아직 잘 모르겠어.

추측을 나타내는 조동사 may, might과 be not sure if, be likely to로 말하기

태연 쌤's 말이 되는 ## 추측을 나타내는 표현

친구가 올해는 꼭 유럽으로 가족 여행을 가겠다고 하길래 어느 나라에 갈 거냐고 하니까 "We might go to Italy, but we're not sure yet.(우리 아마 이태리에 갈 거야, 근데 아직 잘 모르겠어.)"이라고 했어요. 그래서 한여름에는 한국도 너무 덥지만, 이태리도 무지 더울 거라고 말해줬죠.(It might be really hot in Italy, too.) 그리고 이태리 말고 다른 나라도 갈 건지 물어보니까 "We're not sure if we'll travel to other countries.(다른 나라로도 여행을 갈지는 잘 모르겠어.)"라고 하더라고요. 이렇게 아주 확실하지는 않지만 무엇을 할 거라고 추측해서 말할 때 조동사 may나 might을 쓸 수 있어요. 그리고 '~인지 아닌지 잘 모르겠다'라고 할 때는 「be not sure if + 주어 + 동사」를, 무언가 근거나 정황을 보아 '~할 것 같다'라고 말할 때는 「be likely to + 동사원형」을 써 보세요.

★ 스피킹 노하우 1

확실치 않은 것에 대해 추측할 때는 조동사 may, might을 쓰고 동사원형을 쓰세요.

'휴가? 아마 20일쯤 갈껄?'과 같이 확실하지는 않지만 어떻게 될 것 같을 때, 확정되지는 않았지만 무엇을 할지도 모른다고 추측할 때는 조동사 might을 주로 쓰는데 may를 써도 같은 뜻입니다. might은 시제로 과거지만 '지금 어떨 것 같다, 앞으로 ~할 것 같다, ~일 것 같다'라고 할 때 다 씁니다. '~하지 않을 것 같다'라고 할 때는 might not, may not 뒤에 동사원형을 쓰세요.

It **might** rain today. 오늘 비가 올지도 모르겠네요.

James **may** join us tomorrow. 제임스가 내일 올지도 몰라.

Peter **might** call you soon. 피터가 곧 너한테 전화를 할지도 몰라.

We **might not** be able to join you. 우리는 참석 못할 수도 있어.

우리말과 같은 뜻이 되도록 괄호 안에 주어진 단어를 이용하여 빈칸을 채우세요.

1) 제 남편은 저녁식사에 늦을지도 몰라요.

   My husband _____. (be late for)

2) 우리는 지각하면 곤란해질지도 몰라.

   We _____ if we are late. (be in trouble)

3) 우린 경기에 뛸 선수가 한 명 더 필요할지도 몰라.

   We _____ another player for the game. (need)

4) 마이클과 미쉘을 우리 커피 마시는 자리에 껴줄 수 없을지도 몰라.

   Michael and Michelle _____ us for coffee.
   (be allowed to join)

괄호 안에 주어진 단어들을 배열하여 우리말과 같은 뜻이 되도록 빈칸을 채우세요.

1) A: 얼마나 걸릴 것 같아?

   How long _____ it'll take? (you, do, think)

   B: 우리가 생각했던 것보다 더 걸릴 것 같은데.

   It _____ we expected. (take, longer, might, than)

2) A: 올 여름에 우리 휴가 갈 수 있을 것 같아?

   Do you think we _____?
   (this summer, go, can, on, vacation)

   B: 아니, 미안해. 나 올해 휴가를 못 갈 것 같아.

   No, sorry. I _____ this year.
   (be, not, take, a vacation, might, able, to)

★ 스피킹 노하우 2

'～인지 아닌지 잘 모르겠다'라고 할 때는 「I'm not sure if + 주어 + 동사」를 쓰세요.

'이번에 시험을 보는데 붙을지 잘 모르겠다'라고 말하거나, '이렇게 차가 막혀서 제 시간에 도착을 할 수 있을지 잘 모르겠다'라고 말할 때와 같이 어떤 것에 대해서 잘 모르겠다고 할 때 I'm not sure if 뒤에 주어, 동사의 순서로 쓰세요.

I'm not sure if I'll be in Istanbul in October. 내가 10월에 이스탄불에 있을지 잘 모르겠어.

I'm not sure if she'll pass the test this time. 그녀가 이번에는 시험에 합격할지 잘 모르겠네.

I'm not sure if it's going to snow today. 오늘 눈이 올지 잘 모르겠네.

I'm not sure if we can get there on time. 우리가 거기에 제 시간에 도착할 수 있을지 잘 모르겠어.

★ 스피킹 노하우 3

어떤 근거나 이유로 '～할 것 같다'라고 말할 때는 be likely to를 써 보세요.

'하늘에 구름이 많은 걸 보니 비가 곧 오겠다', '차가 저렇게 막히는 걸 보니, 그 사람 아무래도 늦겠다'와 같이 어떤 근거나 이유 또는 정황을 봐서 어떻게 되겠다고 말할 때 주어에 맞는 be동사를 쓴 다음 likely to 뒤에 동사원형을 써서 말할 수 있습니다.

It's **likely to** rain this afternoon. 오늘 오후에 비가 올 것 같다.

It's **likely to** be cold tomorrow. 내일 추울 것 같은데.

He's **likely to** be late. 그 사람 늦을 것 같아.

They're **likely to** change the plan. 그들이 계획을 변경할 것 같아.

스피킹 연습 2-1

우리말과 같은 뜻이 되도록 괄호 안의 단어들을 올바르게 배열하세요.

1) 내가 막차를 탈 수 있을지 모르겠네.

I'm _____.
(sure, if, take, not, could, the last train, I)

2) 이게 맞는 길인지 모르겠군!

I'm _____!
(is, not, sure, if, this, the right way)

3) 주차장이 있는지 잘 모르겠어.

I'm _____.
(a parking lot, there, not, if, sure, is)

4) 내가 이걸 내일까지 끝낼 수 있을지 모르겠네.

I'm _____ by tomorrow.
(sure, not, if, can, I, get, done, it)

스피킹 연습 3-1

우리말에 맞게 be likely to와 괄호 안의 단어를 이용하여 문장의 빈칸을 채우세요.

1) 눈이 많이 올 것 같다.

It _____ a lot. (snow)

2) 오늘 날씨가 푹푹 찔 것 같다.

It _____ today. (be scorching)

3) 선생님이 리더로 뽑히실 것 같아요.

You _____ as a leader. (be chosen)

4) 비행기가 또 연착될 것 같아.

The plane _____ again. (be delayed)

나의 영어 스피치!

● 다음 우리말을 영어로 말해 보세요.

저 지금 가는 중인데 차가 심하게 막히네요. 제 시간에 도착할 수 있을지 잘 모르겠어요. 아마 회의에 참석 못할 수도 있어요. 가능한 한 빨리 가겠습니다.

가는 중이다 be on one's way ┆ 차가 심하게 막히다 be stuck in heavy traffic ┆ 제시간에 on time ┆ 참석하다 attend ┆ 가능한 한 빨리 as fast as possible

Could you please speak a little slower?

좀 천천히 말해 줄래?

부탁을 하거나 의향을 묻는 조동사 Would you ~? Could you ~?로 말하기

태연 쌤's 말이 되는 **Would you ~?, Could you ~?**

제 외국인 친구들 가운데는 영어가 모국어인 친구도 있지만 그렇지 않은 경우도 있습니다. 그런 친구들은 저나 다른 친구들이 영어로 너무 빠르게 말하면 종종 이렇게 말합니다. "Could you please speak a little slower?(좀 천천히 말해 줄래?)"라고요. 이렇게 상대방에게 어떻게 해달라고 부탁할 때는 Could you 혹은 Would you 뒤에 동사원형을 써서 표현합니다. Would you ~?는 상대방의 의향을 물을 때도 사용하는데요, 상대방이 어떤 것을 하고 싶은지 물을 때는 Would you like to 뒤에 동사원형을, 어떤 것을 먹거나 마시고 싶은지 물을 때는 Would you like some 뒤에 음식이나 마실 것을 이어서 말하면 됩니다. 무언가 부탁을 하거나 상대방의 의향을 물을 때는 Would you ~?와 Could you ~?를 사용해서 말해 보세요.

★ 스피킹 노하우 **1**

정중하게 부탁할 때는 Would you ~?, Could you ~?를 쓰세요.

음악 소리가 너무 크니까 좀 줄여달라고 말할 때처럼 상대방에게 어떻게 해달라고 부탁할 때 Would you나 Could you 뒤에 동사원형을 써서 말합니다. 좀 더 공손하게 부탁할 때는 Would you please, Could you please 뒤에 동사원형을 쓰거나 문장 끝에 please를 넣어서 물어 보세요.

Would you turn down the volume? 볼륨 좀 줄여 주시겠어요?

Could you get me some water? 물 좀 주실래요?

Would you please watch my bag? 제 가방 좀 봐 주실래요?

Could you please break this bill? 이 지폐 좀 잔돈으로 바꿔 주실래요?

우리말과 같은 뜻이 되도록 괄호 안의 단어를 이용해서 영어 문장을 완성해 보세요.

1) 커피 좀 타 주시겠어요?

_____? (make)

2) 소금 좀 건네주시겠어요?

_____, please? (pass)

3) 돈 좀 빌려주실 수 있어요?

_____? (lend)

4) 저 대신 저희 선생님께 전화 좀 해 주실 수 있어요?

_____ for me? (call)

괄호 안의 단어를 어순에 맞게 배열해 우리말 대화를 영어로 완성해 보세요.

1) A: 가이드가 뭐라고 말했는지 좀 알려주실래요?

_____ what the guide said?

(would, please, me, you, tell)

B: 그럼요. 가이드가 2시 30분까지 돌아오래요.

Sure. He said _____ by 2:30.

(should, we, back, be)

2) A: 실례지만, 이 가방 좀 선반에 올려주시겠어요?

Excuse me, but _____ on the

shelf? (you, could, this bag, put, please)

B: 그럼요.

No problem.

상대방에게 의향을 물을 때는 Would you like to ~?를 쓰세요.

상대방에게 '~하시겠어요?', '~할래요?'라고 물을 때 Would you like to 뒤에 동사원형을 써서 말하면
되는데요, 이건 Do you want to ~?와 같은 뜻입니다. would like to와 want to가 같다고 생각하면
돼요. 단, Do you want to ~?라고 묻는 것 보다 Would you like to ~?가 더 공손한 느낌의 표현입
니다.

Would you like to drink some juice? 주스 좀 드실래요?

Would you like to reserve a seat? 좌석을 예약하시겠습니까?

Would you like to change clothes? 옷을 갈아입으시겠어요?

Would you like to be on a one day tour? 당일치기 투어 하실래요?

음식을 권할 때는 Would you like some ~?을 쓰세요.

상대방에게 커피나 물, 먹을 것 등의 음식을 권할 때 Would you like some 뒤에 먹을 것이나 마실 것
을 넣어서 말하면 됩니다. 여기서 some은 우리말로는 '좀'에 해당하는 말이에요. "Would you like
some cake?(케이크 좀 드실래요?)", "Would you like some coffee?(커피 좀 드시겠어요?)" 이렇
게 권해 보세요.

Would you like some rice cake? 떡 좀 드실래요?

Would you like some fruit salad? 과일 샐러드 좀 드시겠습니까?

Would you like some ice cream? 아이스크림 좀 먹을래?

Would you like some hot chocolate? 핫 초콜릿 좀 드실래요?

보기에서 알맞은 단어를 골라 우리말에 맞게 영어 문장을 써 보세요.

> **보기**   watch   join   have   lend

1) 저랑 저녁식사 하실래요?

   Would _____ for dinner?

2) 우리랑 영화 보실래요?

   Would _____ with us?

3) 피자 좀 드시겠어요?

   Would _____ ?

4) 이 책 저에게 빌려주실래요?

   Would _____ to me?

우리말과 같은 뜻이 되도록 괄호 안의 단어를 이용해서 영어 문장을 완성해 보세요.

1) 죽을 좀 드시겠어요?

   Would _____ ? (porridge)

2) 떡 좀 드실래요?

   Would _____ ? (rice cake)

3) 디저트 좀 드시겠어요?

   Would _____ ? (dessert)

4) 아이스 커피 좀 드실래요?

   Would _____ ? (iced coffee)

● 다음 우리말을 영어로 말해 보세요.

제 이웃은 언제나 저에게 무언가를 부탁합니다. "저녁에 제 개 좀 산책시켜 주실래요? 제 컴퓨터 좀 고쳐 주실래요? 망치 좀 빌려주실래요?" 전 "저 좀 그만 괴롭히실래요?"라고 말하고 싶어요.

이웃 neighbor ｜ B에게 A를 부탁하다 ask A of B ｜ ~를 산책시키다 walk ~ ｜ 고치다 fix ｜ 빌려주다 lend ｜ 괴롭히다 bother

UNIT 24 I will travel to Europe this summer.

저는 올 여름에 유럽으로 여행을 갈 겁니다.

 태연 쌤's 말이 되는 **미래 시제**

여러분은 휴가를 좀 길게 갈 수 있다면 어디로 가고 싶으세요? 제 마음속에는 늘 유럽이 있습니다. 고풍스러운 분위기와 볼거리가 많은 것도 좋지만 무엇보다도 바쁘지 않고 여유가 있는 그 분위기가 참 좋습니다. 그래서 올 여름에도 유럽으로 여행을 갈 겁니다.(I'm going to travel to Europe this summer.) 유럽에 가서 현지인처럼 살아 보려고 해요.(I will live like a local.) 이렇게 '무엇을 할 거야, 어떻게 하려고 해'와 같이 계획이나 하려고 하는 일을 표현할 때 will, be going to, be planning to를 쓰고 travel, live와 같은 동사원형을 이어서 말할 수 있어요. 이미 앞으로 하기로 결정된 일이나 하기로 되어 있는 일은 현재진행형(be ~ing)과 가까운 미래를 가리키는 부사(구)를 이용해 표현합니다. 여러분이 앞으로 할 일들을 will, be going to, be planning to, be ~ing를 이용해서 말해 보세요.

★ 스피킹 노하우 1

앞으로 할 일이나 미래의 일을 나타낼 때는 will이나 be going to를 쓰세요.

'앞으로 ~를 할 거야'와 같이 미래에 할 일을 나타내는 가장 기본적인 표현은 will과 be going to인데요, 이 둘은 대부분의 경우 큰 의미 차이 없이 쓸 수 있어요. will이나 be going to 뒤에 동사원형을 써서 말하면 됩니다. 물어볼 때는 「(의문사) Will + 주어 + 동사원형~?」, 「Is/Are/Am + 주어 + going to + 동사원형~?」이라고 하면 돼요.

I **will** confess to her. 그녀에게 고백을 할 거야.

I'**m going to** subscribe to Easy English starting this month.
이달부터 이지 잉글리쉬를 구독할 거야.

I'**m going to** have one more part-time job. 나 아르바이트를 하나 더 하려고 해.

Are you **going to** buy an apartment? 너 아파트 살 거야?

우리말과 같은 뜻이 되도록 괄호 안의 단어를 어순에 맞게 배열하여 문장을 완성해 보세요.

1) 우리 저녁 먹고 어디 갈 거야?

   Where _____? (after, go, will, we, dinner)

2) 저희 쪽에서 결정하고 나서 이따가 전화드릴 겁니다.

   We _____ after we have made our
   decision. (call, later, will, you)

3) 이 강아지를 입양하실 건가요?

   _____? (you, this dog, will, adopt)

4) 이번 주에는 로버트 선생님께서 여러분을 가르치게 될 겁니다.

   Robert _____ for this week.
   (is, be, going, to, your teacher)

5) 넌 직장에서 여러 가지 도전적인 일에 부딪히게 될 거야.

   You _____ in the workplace.
   (many, will, face, challenges)

괄호 안의 단어를 어순에 맞게 배열하여 우리말 대화를 영어로 완성해 보세요.

1) A: 내일 일하러 오실 거예요?

   _____ tomorrow? (you, come, will, work, to)

   B: 아니요. 집에서 쉬려고요.

   I don't think so. _____ at home.
   (to, going, I, am, rest)

2) A: 우리는 집들이에 우리 친구들을 초대하려고 해.

   _____ to our housewarming party.
   (going, our, we, are, to, invite, friends)

   B: 친구 몇 명을 초대할 건데?

   How many friends _____? (invite, will, you)

★ 스피킹 노하우 2

계획한 일을 표현할 때는 be planning to를 쓰세요.

앞으로 하기로 계획한 일을 표현할 때는 주어에 맞게 be동사를 쓰고 planning to 뒤에 동사원형을 쓰세요. be planning to는 어떤 특정한 미래에 계획한 일도 표현할 수 있지만 그냥 막연하게 '~하려고 생각 중이야', '~하려고 계획하고 있어'라고 말할 때도 쓸 수 있습니다.

Danny **is planning to** go to Australia for a working holiday.
대니는 호주로 워킹홀리데이를 가려고 계획 중이야.

We're **planning to** move into our parents' house. 우리는 부모님 댁과 합가할 계획이야.

They're **planning to** get married within the next year. 그들은 내년 안에 결혼하려고 계획 중이야.

★ 스피킹 노하우 3

가까운 미래에 하기로 정해 놓은 일은 현재진행형(be ~ing)으로 표현하세요.

우리말로도 '나 오늘 영화 보러 가', '우리 이번 주말에 부산으로 여행 가'라고 말할 때 있죠? 이렇게 가까운 미래에 하기로 정해진 일, 이미 그렇게 하기로 되어있는 일을 표현할 때는 be ~ing, 즉 현재진행형을 쓰세요. 그 뒤에는 가까운 미래를 가리키는 tonight, this weekend, next Friday와 같은 말을 쓰면 됩니다.

A: What **are** you **doing** <u>tonight</u>? 너 오늘 저녁에 뭐해?

B: I'm **meeting** my friends. 나 친구들 만나려고.

What time **is** your boyfriend **arriving** <u>today</u>? 네 남자친구 오늘 몇 시에 도착하니?

Ed **is getting** married <u>next month</u>. 에드는 다음 달에 결혼해.

I'm **moving** to a new apartment <u>next week</u>. 나 다음 주에 새 아파트로 이사 가.

스피킹 연습

2-1

planning to를 사용하여 우리말에 맞게 보기에서 알맞은 단어를 골라 문장을 완성 하세요.

보기   learn   take   start   leave

1) 저는 회사를 차리려고 계획 중입니다.

I am _____ a company.

2) 나는 새로운 언어를 배울 계획이야.

I am _____ a new language.

3) 우린 호주로 여행갈 계획이야.

We are _____ a trip to Australia.

4) 우리는 저녁 8시에 퇴근할 계획이야.

We are _____ work at 8 p.m.

스피킹 연습

3-1

괄호 안의 단어를 이용해 우리말 뜻에 맞게 빈칸을 채워보세요.

1) 나 오늘 저녁에 탁구 쳐.

I _____ tonight. (play table tennis)

2) 걔들 이번 주말에 호수에서 캠핑할 거야.

They _____ this weekend. (camp at the lake)

3) 우린 다음 주에 산으로 여행 갈 거야.

We _____ to the mountain next week. (take a trip)

4) 그 남자는 내일 리사이틀에서 춤을 출 거야.

He _____ in the recital tomorrow. (dance)

● 다음 우리말을 영어로 말해 보세요.

저는 올 여름엔 해변으로 휴가 갈 계획이에요. 그래서 이번 달엔 꼭 살을 뺄 거예요. 해변에 가서 비키니를 입을 거거든요. 다음 주에 요가를 시작할 겁니다.

휴가를 가다 go on a vacation | 꼭, 반드시 definitely | 살을 빼다 lose weight | 비키니를 입다 wear a bikini

UNIT 25 My car is covered with snow.

제 차가 눈으로 뒤덮여 있습니다.

무엇이 어떻게 되었다는 뜻의 수동태로 말하기

태연 쌤's 말이 되는 수동태

밤새 눈이 많이 내리고 난 다음 날 아침, 출근을 하려고 차에 가보니 이런! 제 차가 눈으로 뒤덮여 있습니다.(Oh, no! My car is covered with snow.) 내 차의 입장에서 눈에 의에서 덮여진 것이지요. 이렇게 '누가 혹은 무엇이 어떻게 되었다'라고 말하는 것을 '수동태'라고 불러요. 수동태는 주어 뒤에 주어의 인칭과 시제에 맞는 be동사를 쓰고 동사의 과거분사(p.p.)를 씁니다. 그리고 누구에 의해서 그렇게 되었는지를 말하려면 by 또는 동사에 따라 다른 전치사를 쓰고 그 뒤에 행위자를 목적격으로 쓰는데요, 꼭 필요하지 않을 때는 생략하기도 해요.

★ 스피킹 노하우 1

상태를 나타낼 때는 be p.p., 변화를 나타낼 때는 get p.p.를 쓰세요.

기본적인 수동태 문장은 「be동사 + p.p.」이지만, 구어체에서는 「get + p.p.」도 많이 씁니다. 단, '지금 산이 눈으로 덮여있다.(The mountain is covered with snow.)', '윤은 누구나 다 좋아해.(Yoon is liked by everybody.)'와 같이 어떤 상태를 나타낼 때는 「be동사 + p.p.」로만 쓸 수 있어요. 그 외의 상황에서는 be동사와 get을 둘 다 쓸 수 있는 경우가 많습니다.

> **● 동사의 과거분사(p.p.)**
>
> beat – beat – beaten 누구를 이기다 | bite – bit – bitten 물다 | bake – baked – baked 굽다 | clean – cleaned – cleaned 청소하다 | invite – invited – invited 초대하다 | use – used – used 사용하다, 쓰다 | hurt – hurt – hurt 다치게 하다 | take – took – taken (사진을) 찍다 | offer – offered – offered 제안하다, 의뢰하다 | sting – stung – stung 벌이 쏘다 | lock – locked – locked 잠그다

How come you didn't **get offered** the job? = How come you **weren't offered** the job? 어떻게 너한테 그 일이 안 들어왔을까?

I **was invited** to Tony's birthday party. 난 토니의 생일 파티에 초대를 받았어.

These pictures **were taken** in Stockholm. 이 사진들은 스톡홀름에서 찍은 것들이야.

132 Part **2**

우리말과 같은 뜻이 되도록 괄호 안의 단어를 이용해서 영어 문장을 완성해 보세요.

1) 우린 상대팀에 패했어.

   We _____ by our rivals. (beat)

2) 나 우리 개한테 물렸어.

   I _____ by my dog. (bite)

3) 이 케이크들은 이웃에 사는 마틴이 구운 거야.

   The cakes _____ by our neighbor, Martin. (bake)

4) 이 집은 한 주에 한 번씩 청소를 맡겨.

   This house _____ weekly. (clean)

괄호 안의 단어를 이용해서 우리말 대화를 영어로 완성해 보세요.

1) A: 이 문은 늘 열려 있나요?

   Is the door always open?

   B: 아니요, 저희 정문은 밤 11시부터는 잠겨 있습니다.

   No, our main gate _____ from 11 p.m. (lock)

2) A: 팔이 왜 그래?

   What _____ to your arm? (happen)

   B: 벌에 쏘였어.

   I _____ by a bee. (sting)

어떤 일을 하게 한다고 할 때는 get something p.p., have something p.p.의 형태를 쓰세요.

내가 어떤 것을 직접 한 것이 아니라 다른 사람을 시켜서 무엇을 하게 한 경우, 혹은 내가 무엇을 어떤 상태로 되게 만들었다고 말할 때는 get이나 have 뒤에 무엇을 쓰고 이어서 어떤 상태로 되었는지를 동사의 p.p. 형태로 나타내면 됩니다.

Finally I **got** it **done**. 드디어 다 했다.

Did you **get** it **cleaned** completely? 완전히 청소한 거야?

We **had** the work **done** by 7 sharp. 우리는 정각 7시까지 그 일이 다 끝나게 했어.

형태만 수동이고 의미는 수동이 아닌 get p.p. 구문들을 기억하세요.

get married(결혼하다), get divorced(이혼하다), get lost(길을 잃다), get dressed(옷을 입다), get changed(옷을 갈아입다)는 형태만 get p.p.로 수동태일 뿐 의미는 수동이 아닙니다.

I'm **getting married** next year. 나 내년에 결혼해.

Where am I? I'm afraid I **got lost**. 여기가 어디야? 나 길을 잃은 것 같아.

Wait. I'm **getting dressed**. 잠깐만. 나 옷 입고 있어.

우리말과 같은 뜻이 되도록 괄호 안의 단어를 이용해서 영어 문장을 완성해 보세요.

1) 난 일찌감치 숙제를 끝냈어.

   I got _____ early. (my homework, do)

2) 부모님들이 집에 오시기 전에 우린 집을 청소했어.

   We got _____ before our parents came home.
   (our house, clean)

3) 그 사람들은 식에 참석하기 위해 머리를 했어.

   They had _____ for the ceremony. (their hair, do)

4) 그녀는 마감일 전에 일을 끝냈어.

   She got _____ before the deadline. (the job, finish)

우리말과 같은 뜻이 되도록 괄호 안의 단어를 이용해서 영어 문장을 완성해 보세요.

1) 나는 쉽게 길을 잃어.

   I easily _____. (lose)

2) 옷 입었어?

   Did _____? (dress)

3) 너는 언제 결혼해?

   When _____? (marry)

4) 그들이 이혼했다는 거 난 몰랐어.

   I didn't know that _____. (divorce)

● 다음 우리말을 영어로 말해 보세요.
저는 오늘 머리를 하고 옷도 차려 입었어요. 제니네 집에서 파티가 열렸거든요. 제 남자친구도
파티에 초대를 받았어요. 하지만 비행기가 연착이 되어서 올 수 없었어요.

(파티를) 열다 throw | 초대하다 invite | 비행기 flight | 연착[지연] 시키다 delay

UNIT 26

Do you know what time the show starts?

공연이 몇 시에 시작하는지 아세요?

의문문을 목적어로 쓰는 간접의문문으로 말하기

태연 쌤's 말이 되는 ▶ 간접의문문

스페인의 세비야에 가시면 플라멩고 공연의 진수를 보실 수 있습니다. 저도 공연을 보고 싶었는데, 몇 시에 시작하는지 모르겠더라고요. 그래서 숙소에서 만난 여행자에게 물었죠. "Do you know what time the show starts?(공연이 몇 시에 시작하는지 아세요?)"라고요. 그리고 오늘 월요일인데 혹시 월요일에도 공연이 있는지 아느냐고도 물었습니다. "Do you know if there's a show on Monday?(월요일에 공연이 있는지 아세요?)" 이렇게 "What time does the show start?(공연이 몇 시에 시작해요?)"라든가 "Is there a show on Monday?(월요일에 공연이 있나요?)"처럼 물어보고 싶은 말을 직접적으로 묻지 않고, 동사(know)의 목적어 자리에 넣어 묻는 것을 간접의문문이라고 해요.

- ○ 의문사가 있는 문장의 간접의문문: 의문사 + 주어 + 동사
- ○ 의문사가 없는 문장의 간접의문문: if/whether + 주어 + 동사
  (whether or not + 주어 + 동사 또는 whether + 주어 + 동사 + or not으로 쓰기도 함)

★ 스피킹 노하우 1

동사의 목적어 자리에 쓰는 간접의문문에 의문사가 있으면 「의문사 + 주어 + 동사」의 순서로 쓰세요.

동사의 목적어 자리에 들어갈 의문문에 의문사가 있다면 동사 뒤에 의문사, 주어, 동사의 순서로 쓰세요. 단, 의문사가 주어로 쓰인 경우에는 바로 뒤에 동사를 씁니다.

Do you know **what time it is**? 몇 시인지 알아?

Please explain **what it means.** 그게 무슨 뜻인지 설명해 주세요.

Could you tell me **where the nearest ATM is**? 제일 가까운 ATM이 어디인지 알려 주실래요?

I want to know **what makes** it more delicious. 뭐가 이걸 더 맛있게 만드는 건지 알고 싶네. (what이 주어)

우리말과 뜻이 같도록 괄호 안의 단어들을 어순에 맞게 배열하여 문장을 완성하세요.

1) 그 여자가 어느 나라 사람인지 아세요?

   Do you know _____ ?
   (she, where, from, is)

2) 우리 비행기가 왜 연착되었는지 들으셨어요?

   Did you hear _____ ?
   (why, has, our flight, been, delayed)

3) 이 박물관이 몇 시에 여는지 알려 주실래요?

   Could you tell me _____ ?
   (this museum, what time, opens)

4) 내 선글라스 누가 가져갔는지 봤니?

   Did you see _____ ?
   (took, who, my sunglasses)

5) 나는 너희가 어떻게 끌렸는지 이해가 안 가.

   I don't understand _____ .
   (you, how, attracted, were, to each other)

괄호 안의 단어를 이용해서 우리말 대화를 영어로 완성해 보세요.

1) A: 어디서 환전할 수 있는지 알려주시겠어요?

   Could you tell me _____ ? (exchange money)

   B: 그럼요. 버스 터미널이 어딘지 아세요? 거기 바로 옆에 있어요.

   Sure. Do you know _____ ? It's right next to it.
   (the bus terminal)

2) A: 내 텀블러 어디 있는지 봤어?

   Did you see _____ ? (my tumbler)

   B: 아니. 그걸 마지막으로 어디서 썼는데?

   No. Where _____ last? (use)

동사의 목적어 자리에 쓰는 간접의문문에 의문사가 없으면 「if/whether + 주어 + 동사」로 쓰세요.

우리말로 '~인지 아닌지 알아?', '~인지 아닌지 알고 싶어', '~인지 아닌지 묻더라'와 같이 말할 때는 의문사가 필요가 없죠. 이럴 때 '~인지 아닌지'에 해당하는 말이 if나 whether입니다. 동사 뒤에 if나 whether 중에 하나를 쓰고 그 뒤에 「주어 + 동사」를 쓰면 되는데요, whether를 쓸 때는 or not을 붙여 「whether or not + 주어 + 동사」, 「whether + 주어 + 동사 + or not」 중 하나로 쓸 수 있습니다.

I'm not sure **if I can make** it tonight. 내가 오늘 밤에 갈 수 있을지 모르겠네.

Do you know **whether they are dating**? 걔네들 사귀는지 아닌지 너 알아?

The officer asked me **if I had been** to Vietnam before.
직원이 나한테 전에 베트남에 와 봤냐고 묻더라.

They asked me **if I had** an international driver's license.
거기서 나한테 국제 운전면허증이 있냐고 묻던데.

의문사로 시작하는 직접의문문 중간에 상대방의 의견이나 생각을 묻는 do you think, do you know, do you believe가 들어가면 뒤에 「주어 + 동사」로 어순을 쓰세요.

의문문 중간에 상대방의 생각을 묻거나(do you think), 상대방이 알고 있는지 확인하거나(do you know), 상대방이 그렇게 믿고 있는지 묻는(do you believe) 표현을 넣어서 말을 할 수 있어요. 이 때는 어순이 바뀌는데요, 의문문 어순대로 「의문사 + 조동사 + 주어 + 동사원형」으로 쓰는 게 아니라, 의문사 뒤에 do you think, do you know, do you believe 등을 쓰고 「주어 + 조동사 + 동사」의 순서로 씁니다.

What time <u>can</u> <u>we</u> <u>finish this</u>? 우리 이거 몇 시에 끝낼 수 있나요?

→ What time **do you think** <u>we</u> <u>can</u> <u>finish this</u>? 우리가 이걸 몇 시에 끝낼 수 있다고 생각하나요?

When <u>will</u> <u>she</u> <u>be back</u>? 그 분은 언제 돌아오시나요?

→ When **do you think** <u>she</u> <u>will</u> <u>be back</u>? 그 분이 언제쯤 돌아오실 것 같나요?

Which team <u>will</u> <u>win the game</u>? 어느 팀이 이길까요?

→ Which team **do you believe** <u>will</u> <u>win the game</u>?
어느 팀이 이길 거라고 믿으세요? (which team이 주어로 쓰임)

스피킹 연습 2-1 우리말과 뜻이 같도록 괄호 안의 단어를 올바르게 배열하여 빈칸을 채우세요.

1) 표가 남은 게 있는지 없는지 너 알아?

Do you know _____? (if, extra, there, tickets, are)

2) 날씨가 좋든 말든 상관없어.

It doesn't matter _____.
(is, nice, the weather, whether, or, not)

3) 그녀가 바쁜지 아닌지 볼게.

I'll see _____. (if, busy, is, she)

4) 네가 그걸 끝낼 수 있을지 없을지 알아?

Do you know _____? (finish, whether, can, you, it)

스피킹 연습 3-1 우리말과 뜻이 같도록 괄호 안의 단어를 올바르게 배열하여 빈칸을 채우세요.

1) 우리가 언제 결과를 받을 수 있을 것 같니?

When _____?
(get, will, the results, we, do, think, you)

2) 행사가 왜 취소됐다고 생각해?

Why _____?
(you, was, do, canceled, think, the event)

3) 누가 신뢰할만 하다고 믿니?

Which one _____?
(believe, trustworthy, is, you, do)

4) 내가 그렇게 되게 하려면 어떻게 해야 할 것 같아?

What _____ to make it happen?
(have to, I, do, you, do, think)

나의 영어 스피치!

● 다음 우리말을 영어로 말해 보세요.

이번 프레젠테이션은 언제 어디서 열리는지 아세요? 프레젠테이션 후에 파티를 하는지 궁금하네요. 전 뭘 준비해야 한다고 생각하세요? 제가 다과를 준비해야 할지 어떨지 모르겠네요.

열리다 be held | 준비하다 prepare | 다과 refreshment

UNIT 27 I wish I had 30 hours a day.

하루가 30시간이었으면 좋겠어요.

 태연 쌤's 말이 되는 **I wish 가정법**

정말 너무 너무 바쁠 때는 하루가 30시간이었으면 좋겠다는 생각이 듭니다.(I wish I had 30 hours a day.) 그리고 좋아하는 사람이 생기면 그 사람이 무슨 생각을 하고 있는지 알았으면 좋겠고(I wish I could read his/her mind), 어디 좋은 곳에 혼자 갔을 때는 그 사람과 여기 같이 있었으면 좋겠다 싶죠(I wish I were with him/her here). 이렇게 현실과 다른 것을 바랄 때 가정법이라는 것을 쓸 수 있는데요, I wish 뒤에 바라는 내용을 넣어서 실제로는 이뤄지기 어렵지만 '~하면 좋겠다, ~했으면 좋겠다'라고 말하는 겁니다. I wish 뒤에는 동사의 과거형(be동사의 경우 모든 주어에 were를 씀)을 쓰거나, 「could + 동사원형」을 씁니다. 이루어질 수는 없지만 그랬으면 좋겠다고 바라는 것, 실제로 그렇게 할 수는 없지만 그렇게 할 수 있었으면 좋겠다고 바라는 내용을 I wish 가정법으로 말해 보세요.

★ 스피킹 노하우 1

지금 어땠으면 좋겠다고 바랄 때는 「I wish + 주어 + 과거형」을 쓰세요.

'하루가 30시간이었으면 좋겠다'와 같이 이루어질 수는 없는 현재 상태와 반대되는 일을 바랄 때는 I wish 뒤에 주어와 동사의 과거형(be동사의 경우 주어가 어떤 것이든 were를 씀)을 쓰면 되고, '영어를 유창하게 못하지만 영어를 유창하게 했으면 좋겠다'와 같이 지금 가지고 있지 않은 능력을 바랄 때는 I wish I could 뒤에 동사원형을 씁니다.

I wish I <u>had</u> a wife. 나도 아내가 있었으면 좋겠다.

Oh, it's scorching. **I wish** I <u>had</u> a car. 아, 푹푹 찌네. 차가 있었으면 좋겠네.

I wish I <u>were</u> super rich. 내가 엄청난 부자였으면 좋겠다.

I wish I <u>could</u> speak English fluently. 내가 영어를 유창하게 할 수 있었으면 좋겠다.

I wish we <u>could</u> travel more often. 우리가 여행을 좀 더 자주 할 수 있었으면 좋겠어.

우리말과 같은 뜻이 되도록 괄호 안의 단어를 이용해서 영어 문장을 완성해 보세요.

1) 내가 지금 하와이에 있다면 좋겠다.

I wish _____ now. (be)

2) 나에게 여자친구가 있다면 얼마나 좋을까.

I wish _____ . (have)

3) 우리가 항상 같이 있을 수 있으면 좋겠다.

I wish _____ all the time. (can be together)

4) 긴 휴가를 갈 수만 있다면 얼마나 좋을까.

I wish _____ a long vacation. (can take)

5) 내가 익스트림 스포츠를 즐길 수 있다면 얼마나 좋을까.

I wish _____ extreme sports. (can enjoy)

보기에서 알맞은 단어를 골라 적절히 변형하여 우리말 대화를 영어로 완성해 보세요.

보기   shorter   afford   taller   have

1) A: 나는 키가 더 컸으면 좋겠어.

I wish I _____ .

B: 정말? 나는 키가 작았으면 좋겠다. 난 키가 너무 커.

Really? I wish I _____ . I'm too tall.

2) A: 내가 이 비싼 차를 감당할 여력이 된다면 얼마나 좋을까.

I wish I _____ this expensive car.

B: 왜 이래. 나는 네 차를 가지면 좋겠는데.

Come on. I wish I _____ your car.

'과거에 그랬었으면 좋았을 텐데'라고 바랄 때는 「I wish 주어 + had p.p.」를, '과거에 그럴 수 있었다면 좋았을 텐데'라고 바랄 때는 「I wish 주어 + could have p.p.」를 쓰세요.

과거를 돌아보면 '그때 그랬으면 좋았을 텐데'라고 바라는 것이 많이 떠오르죠? 이럴 때는 I wish 뒤에 주어를 쓰고, had p.p.를 써서 표현할 수 있습니다. 그리고 '과거의 그때 ~할 수 있었더라면 얼마나 좋을까', '그때는 그럴 수가 없었어'라고 말할 때는 I wish 뒤에 주어를 쓰고 could have p.p.를 씁니다.

I wish I had known you at that time. 내가 그때 너를 알았으면 얼마나 좋을까?

I wish we had met much earlier. 우리가 좀 더 일찍 만났었으면 좋았을걸.

I wish we could have bought the apartment. 우리가 그 아파트를 살 수 있었으면 좋았을걸.

I wish I could have traveled with you. 내가 너랑 여행을 같이 갈 수 있었으면 좋았을걸.

'지금 어떻지 않았으면 좋을 텐데, 과거에 그러지 않았으면 좋았을 텐데'라고 할 때는 I wish 뒤에 부정문을 쓰세요.

'지금 어떻지 않았으면 좋겠다'라고 바랄 때 있죠? 이럴 때는 I wish 뒤에 주어를 쓰고 were not 또는 「didn't + 동사원형」을 씁니다. 그리고 과거를 돌아보며 '그때 그렇지 않았다면 좋았을 텐데'라고 바랄 때는 I wish 뒤에 주어를 쓰고 「hadn't + p.p.」를 쓰면 됩니다.

I wish I **weren't** the only son. 내가 외동아들이 아니라면 좋겠다.

I wish I **didn't have** to work late. 야근을 안 해도 된다면 좋겠다.

I wish we **hadn't broken** up. 우리가 헤어지지 않았더라면 좋았을 텐데.

I wish you **hadn't gone** back to Germany. 네가 독일로 돌아가지 않았더라면 좋았을 텐데.

스피킹 연습 2-1 우리말과 같은 뜻이 되도록 괄호 안의 단어를 이용해서 영어 문장을 완성해 보세요.

1) 그 때 내가 용감했더라면.

I wish I _____ at that time. (be)

2) 내게 자유 시간이 더 많았더라면 좋았을 걸.

I wish I _____ more free time. (have)

3) 우리가 좀 더 오래 같이 있을 수 있었으면 좋았을 텐데.

I wish we could _____ together longer. (stay)

4) 내가 너에게 내 마음을 털어놓을 수 있었더라면 좋았을 텐데.

I wish I could _____ you how I felt. (tell)

스피킹 연습 3-1 우리말과 같은 뜻이 되도록 괄호 안의 단어를 이용해서 영어 문장을 완성해 보세요.

1) 그 케이크를 안 먹었으면 좋았을 걸.

I wish _____ that cake. (eat)

2) 잠자리에 들기 전에 그 무서운 영화를 안 봤으면 좋았을 걸.

I wish _____ that scary movie before going to bed. (see)

3) 내가 수줍음을 덜 타면 좋을 텐데.

I wish _____. (be so shy)

4) 내가 이번 주말에 휴가를 안 가면 좋을 텐데.

I wish _____ this weekend. (be going on vacation)

● 다음 우리말을 영어로 말해 보세요.
내가 힙합 가수라면 얼마나 좋을까? 10대 시절에 힙합 동아리에 들었더라면 좋았을 걸. 하다못해 랩 가사라도 잘 쓰면 좋을 텐데.

💬 힙합 가수 hip-hop musician | 10대 teenager | 동아리에 들다 join a club | 하다못해 at least | ~을 잘하다 be good at ~ing

Oh, I shouldn't have said that.

아, 그 말을 하지 말았어야 했는데.

후회하는 뜻을 가진 had to, should[shouldn't] have p.p.로 말하기

태연 쌤's 말이 되는 had to, should've p.p.

이 말을 할까 말까 싶을 때는 안 하는 게 낫다고들 하지요. 일단 뱉은 말은 주워 담을 수가 없으니까요. 그래서 가끔 시간이 지난 후에 그 때 그 말을 하지 말 걸, 하는 후회가 들 때가 있죠? '그 비밀을 지켰어야 했는데(I had to keep the secret)', '아, 그 말을 하지 말걸 그랬어(Oh, I shouldn't have said that)', 반대로 용기가 없어서 고백도 못 하고 떠나 보낸 누군가를 떠올리면, 이것 역시 후회막급입니다. '그녀에게 고백을 했어야 했는데(I should've confessed to her)' 이런 말들은 모두 이미 지나간 과거에 했거나 하지 않은 것에 대해 후회하는 표현들이에요. '~했어야 했다'라고 할 때는 「had to + 동사원형」 또는 「should've + p.p.」를 쓰고, '~하지 말았어야 했는데'라고 할 때는 「shouldn't have + p.p.」를 쓰면 됩니다. 과거에 지나간 일에 대해 후회하는 마음이 들 때 had to, should've p.p., shouldn't have p.p.를 써서 말해 보세요.

★ 스피킹 노하우 1

'~했어야 했다'라고 말할 때 had to 뒤에 동사원형을 쓰세요.

과거의 어느 때 ~했어야 했다고 말할 때 had to 뒤에 동사원형을 쓰면 됩니다. had는 have와 has의 과거형이니까 주어에 상관없이 모두 had to라고 쓰고 뒤에 동사원형을 쓰세요.

You **had to** <u>tell</u> her the truth. 네가 그녀에게 사실대로 말을 했어야 했어.

We **had to** <u>try</u> harder. 우리가 더 열심히 노력을 했어야 했는데.

I **had to** <u>take</u> the subway instead of a bus. 내가 버스 말고 전철을 탔어야 했는데.

우리말에 맞게 had to와 괄호 안의 단어들을 이용해 빈칸을 채우세요.

1) 내가 이 여행을 일찍 계획했어야 했어.

   I _____ earlier. (plan this trip)

2) 너는 화초에 물을 더 자주 줬어야 해.

   You _____ more often. (water the plants)

3) 우리가 오늘 아침에 더 일찍 일어났어야 해.

   We _____ this morning. (get up earlier)

4) 내가 이것에 대해서 너한테 문자를 보냈어야 했어.

   I _____ about this. (text you)

5) 그녀가 나한테 도움을 청했어야 했어.

   She _____ for help. (ask me)

괄호 안의 단어를 올바르게 배열해서 우리말 대화를 영어로 완성해 보세요.

1) A: 아, 어제 그 프로그램을 들었어야 했는데.

   Oh, I _____ yesterday.
   (listen, the show, had to, to)

   B: 있잖아? 나 그 프로그램 매일 녹음해.

   You know what? _____.
   (the show, I, record, every day)

2) A: 우리가 이것에 대해서 더 자주 얘기를 했어야 해.

   We _____ more often.
   (talk, had to, about, it)

   B: 전적으로 동감이야.

   _____. (agree, I, totally)

과거에 했었어야 했는데 하지 않은 것을 후회할 때 should've p.p.를 쓰세요.

'그때 유학을 갈 걸', '그 사람이랑 결혼할 걸', '그때 그 집을 살 걸'과 같이 과거에 하지 않았거나 하지 못한 일을 후회할 때 should've 뒤에 과거분사(p.p.)를 써서 말해 보세요.

We **should've traveled** more when we were younger.
우리가 더 젊었을 때 여행을 더 많이 다녔어야 했는데.

You **should've listened** to your parents. 부모님 말씀을 들었어야지.

I **should've tried** harder to make my dream come true.
내 꿈을 이루기 위해 내가 더 열심히 노력을 했었어야 해.

과거에 하지 말아야 했던 것에 대해 후회할 때는 shouldn't have p.p.를 쓰세요.

하지 않았거나 하지 못했던 일도 후회가 되지만, 이미 해버렸던 일을 후회할 때도 있죠? 지나간 일을 다시 되돌릴 수는 없지만 그냥 말로나마, '그러지 말걸', '~하지 말았어야 했는데'라고 말할 때 shouldn't have 뒤에 과거분사(p.p.)를 쓰세요.

I **shouldn't have accepted** the proposal. 내가 그 제안을 받아들이지 말았어야 했는데.

We **shouldn't have sold** our apartment. 우리가 우리 아파트를 팔지 말았어야 했어.

You **shouldn't have broken** up with him. 네가 그 남자랑 헤어지지 말았어야 했어.

괄호 안의 단어를 이용하여 우리말에 맞게 빈칸을 채우세요.

1) 이번 여름에 운동을 좀 더 했어야 했는데.

   I _____ more this summer. (exercise)

2) 자동차 창문을 열어 뒀어야 했는데.

   We _____ the car windows. (open)

3) 내가 이 비행기 표를 더 일찍 샀어야 했는데.

   I _____ the plane ticket earlier. (buy)

4) 무슨 일이 있었는지 나한테 말을 했어야지.

   You _____ me what happened. (tell)

보기에서 단어를 골라 알맞게 변형하여 우리말에 맞게 문장을 완성하세요.

> 보기   leave   buy   talk   hesitate

1) 내가 그렇게 망설이지 말았어야 했는데.

   I _____ like that.

2) 내가 내 캐리어를 열어 두지 말았어야 했는데.

   I _____ my suitcase open.

3) 네가 저 기타를 사지 않았어야 해.

   You _____ that guitar.

4) 그 애들이 그녀의 전 남자친구 얘기는 하지 말았어야 했는데.

   They _____ about her ex-boyfriend.

나의 영어
스피치!

● 다음 우리말을 영어로 말해 보세요.

그 사람은 진작 담배를 끊었어야 했다. 건강검진을 매년 받았어야 했다. 매일같이 야근을 하지는 말았어야 했다. 지난주 그 사람은 회사를 그만두고 병원에 입원해야만 했다.

담배를 끊다 stop smoking | 건강검진을 받다 go for a medical checkup | 야근을 하다 work late | 회사를 그만두다 quit one's job | 병원에 입원하다 be in hospital

UNIT 29
You're attracted to him, aren't you?

너 그 남자한테 끌리지, 그렇지?

상대방에게 하고 있는 말에 대해 확인하는 부가의문문으로 말하기

태연 쌤's 말이 되는 **부가의문문**

제 친구가 다른 사람들이랑 있을 때와 다르게 꼭 어떤 사람 옆에만 있으면 말도 없어지고 행동도 부자연스러워 지더라고요. 그래서 물었죠. "You're attracted to him, aren't you?(너, 그 사람한테 끌리는 거 맞지? 그렇지?)"라고요. 그 친구는, "Well, maybe...(그게, 아마도...)"라면서 얼버무렸습니다. 옆에 있는 다른 친구가 다시 말했어요. "You like the guy, don't you?(너 그 남자 좋아하지, 그치?) You can be straightforward, huh?(직접적으로 표현을 해, 응?)"라고요. 이렇게 어떤 말을 하고 나서 끝에 확인하는 꼬리말을 붙이는 것을 부가의문문이라고 해요. 본문 문장이 긍정이면 부정으로, 부정이면 긍정으로 붙여줍니다. 상대방에게 어떤 말을 하고 나서 그 말에 대해 확인을 할 때 부가의문문, 꼬리의문문을 사용해 보세요.

★ 스피킹 노하우 1

be동사나 조동사가 있는 문장은 부가의문문으로 be동사나 조동사를 그대로 쓰세요.

be동사나 조동사가 들어간 문장의 부가의문문은 본문에 쓰인 be동사나 조동사를 그대로 사용하되, 본문 문장이 긍정이면 부정으로, 부정이면 긍정으로 써줍니다. 부가의문문의 주어는 본문의 주어를 대명사로 바꿔서 쓰세요.

You're in your fifties, **aren't you?** 50대시죠, 맞죠?

They aren't a couple, **are they?** 걔네들 커플 아니지, 그렇지?

You can speak Japanese, **can't you?** 일본어 할 줄 아시죠, 그렇죠?

Your sister won't join us, **will she?** 네 여동생은 못 오는 거지, 그렇지?

You didn't make up your mind, **did you?** 너 마음의 결정을 못 내렸지, 그렇지?

148   Part **2**

우리말에 맞게 괄호 안의 단어를 이용하여 문장을 완성하세요.

1) 의사시죠, 맞죠?

   You _____, _____? (a doctor)

2) 수줍음을 좀 타시죠, 안 그래요?

   You _____, _____? (a bit shy)

3) 남편이 한국말 할 줄 아시죠, 아니에요?

   Your husband _____, _____? (speak Korean)

4) 그들이 투어를 취소하지 않았죠, 그렇죠?

   They _____, _____? (cancel the tour)

5) 우리 이번 주말에 만날 거죠, 그렇지 않아요?

   We _____ this weekend, _____?
   (be going to, meet up)

괄호 안의 단어를 이용해서 우리말 대화를 영어로 완성해 보세요.

1) A: 여기 책임자 되시죠, 아닌가요?

   You _____ here, _____? (in charge)

   B: 네, 맞습니다.

   Yes, I _____. (be)

2) A: 우리 내일은 투어 갈 수 있는 거죠, 안 그래요?

   We can _____ tomorrow, _____?
   (go on the tour)

   B: 그랬으면 좋겠네요.

   I hope so.

★ 스피킹 노하우 2

일반 동사가 있는 문장의 부가의문문은 일반 동사를 대신하는 조동사를 쓰세요.

본문에 일반 동사 즉, have, use, decide, play와 같은 동사들이 있을 때는 시제에 따라 do, does, did 중에서 맞는 것을 쓰고 주어를 본문의 대명사로 바꿔서 부가의문문을 씁니다. 그리고 본문이 긍정문 이면 부정으로, 부정문이면 긍정으로 바꿔 쓰세요.

I <u>have</u> to go now, **don't I?** 나 지금 가야 해, 그렇지 않아?

Jessy <u>wants</u> to study abroad, **doesn't she?** 제시는 유학을 가고 싶어해, 맞지?

They <u>used</u> to date for a long time, **didn't they?** 걔네들 오래 사귀었었잖아, 그렇지?

You finally <u>decided</u> where to go, **didn't you?** 너 결국 어디 갈지 정했구나, 그렇지?

Your son <u>played</u> soccer at school, **didn't he?** 네 아들이 학교 다닐 때 축구를 했었지, 맞지?

★ 스피킹 노하우 3

상대방에게 내가 한 말을 확인할 때는 문장 끝에 right?이나 huh?를 붙일 수 있습니다.

상대방에게 지금 내가 하는 말의 내용을 확인하고 싶을 때, 모든 문장의 끝에 right? 혹은 huh?를 붙여 서 말할 수 있어요. 우리말로 하면 '그렇지?', '응?'과 같은 의미입니다.

You guys are hungry, **right?** 너희들 배고프지, 그렇지?

We're allowed to take pictures here, **huh?** 우리 여기서 사진 찍어도 되는 거지, 응?

I can use this printer for free, **right?** 이 프린터 공짜로 쓸 수 있는 거지, 맞지?

They just stopped by to say hi, **huh?** 그 사람들 그냥 인사차 들른 거잖아, 맞지?

괄호 안의 단어를 올바르게 배열해서 우리말을 영어로 완성해 보세요.

1) 집에 일찍 가봐야 하죠, 안 그래요?

   You _____, _____?
   (early, don't, you, have to, home, go)

2) 네 차 세차해야겠던데, 안 그래?

   You _____, _____?
   (don't, to have, you, cleaned, your car, need)

3) 걔네들 서로 아주 많이 좋아하잖아, 아니야?

   They _____, _____?
   (each other, really, like, don't, they)

4) 어머님이 혼자 여행을 많이 하시지, 그렇지 않아?

   Your mother _____, _____?
   (a lot, doesn't, travels, she, alone)

괄호 안의 단어를 올바르게 배열해서 우리말을 영어로 완성해 보세요.

1) 이 팀 소속이지, 그렇지?

   You _____, _____? (are, team, this, on, right)

2) 우리 박물관에 무료로 들어갈 수 있는 거지, 응?

   We _____, _____?
   (enter, can, the museum, free, for, huh)

3) 제가 이 양식을 작성해야 하는 거죠, 네?

   I _____, _____? (fill out, should, this form, right)

4) 너 기분 괜찮은 거지, 응?

   You _____, _____? (feeling, are, huh, okay)

● 다음 우리말을 영어로 말해 보세요.
너 그 사람 사랑하지, 그렇지 않니? 너 오랫동안 남자 친구(여자 친구) 없었잖아, 그렇지? 너희들은 통하는 게 많은 것 같아, 그치? 네가 행복해 하는 걸 보니까 좋다.

통하는 게 많다 have a lot in common

UNIT 30

I have a book to read.

나한테 읽을 책이 있어.

'어떤 사람', '어떤 무엇'이라고 명사를 꾸며 주는 to부정사로 말하기

태연 쌤's 말이 되는 ## 명사를 수식하는 to부정사

일을 하다 보면, 중간 중간에 소위 '뜨는 시간'이라고 하는 시간들이 생깁니다. 제가 그런 시간을 제일 잘 보내는 방법은 책을 읽는 건데요, 그래서 저는 읽을 책을 가지고 다녀요.(I always carry a book to read.) 원고를 써야 하는 것처럼 할 일이 있을 때는 노트북을 가지고 일을 하기도 하죠.(I work on my laptop when I have something to do.) 이렇게 '읽을 책'(a book to read), '할 일'(something to do)과 같이 '~할 무엇'이라고 할 때는 명사 뒤에 to부정사를 씁니다. 명사를 꾸며주는 to부정사를 이용해서 '어떠한 사람', '무엇 하는 어떤 것'이라는 표현을 해 보세요.

★ 스피킹 노하우 1

'~하는 사람', '~하는 무엇'이라고 할 때 명사를 쓰고 이어서 to부정사를 쓰세요.

'~하는 사람', '~하는 무엇'이라고 할 때 먼저 사람이나 무엇에 해당하는 명사를 쓰고 그 뒤에 to부정사 (to + 동사원형)를 쓰세요. to부정사가 앞에 있는 명사를 수식해서 '~하는 사람', '~하는 무엇'이라는 뜻이 됩니다.

Let's find a place to park. 우리 주차할 곳을 찾아보자.

I can't leave now. I've got a lot of work to do. 저는 지금 퇴근 못 해요. 할 일이 엄청 많아요.

This is a great opportunity to get promoted. 이건 승진할 수 있는 좋은 기회야.

Please give me some time to think about your offer. 제안에 대해서 좀 생각해 볼 시간을 주세요.

I can't do it all. I need someone to help me with it.
나는 이거 다 못해. 이걸 도와줄 누군가가 필요해.

우리말과 같은 뜻이 되도록 괄호 안의 단어를 이용해서 영어 문장을 완성해 보세요.

1) 이 도시에는 가볼 곳이 많나요?

Are there many _____ in this city? (place, go)

2) 나 이따 만날 사람이 있어.

I have _____ later. (someone, meet)

3) 내가 가 볼 만한 좋은 곳을 찾았어.

I found _____. (a good place, visit)

4) 이 세상에 너를 도와줄 사람은 많아.

There're a lot of _____ you out there. (people, help)

5) 이게 오늘 저녁에 입기 딱 좋은 원피스네.

This is just _____ tonight. (the dress, wear)

괄호 안의 단어를 이용해서 우리말 대화를 영어로 완성해 보세요.

1) A: 읽을 책 좀 주실 수 있나요?

Can I get a book _____? (read)

B: 그럼요. 선반에 잡지랑 책이 있어요.

Sure. There are magazines and books on the shelf.

2) A: 텔레비전 고칠 거 있어? 내가 도와줄 수 있는데.

Is there a television _____? I can do that for you. (fix)

B: 정말? 아, 수리해야 할 라디오가 하나 있어.

Really? Oh, I have _____. (a radio, repair)

명사가 전치사의 목적어일 때는 to부정사 뒤에 전치사를 쓰세요.

'식사했던 식당'이라고 할 때 a restaurant to eat이라고만 하면 '먹을 식당'이라는 어색한 표현이 돼요. 우리가 식당에서 먹는다고 할 때는 eat at a restaurant라고 전치사 at을 쓰잖아요? 그래서 to eat 뒤에 at을 써야 식당'에서' 먹었다는 뜻이 되는 거예요.

Do you know <u>a good restaurant</u> **to eat at**? 식사할 좋은 식당 알고 있어?

Is there <u>a chair</u> **to sit on**? 앉을 의자 있나요?

I need <u>a pen</u> **to write something with.** 필기를 할 펜이 필요한데요.

I have <u>a good friend</u> **to rely on.** 나는 기댈 수 있는 좋은 친구가 있어.

'~한 것, ~할 것'이라고 말할 때 -thing으로 끝나는 말 뒤에 to부정사를 쓰세요.

-thing으로 끝나는 something, anything, nothing 뒤에 to부정사를 써서 '~한 것, ~할 것'이라는 표현을 할 수 있습니다.

Would you like <u>something</u> **to eat**? 뭐 좀 드시겠습니까?

I'll get you <u>something</u> **to read.** 내가 너 읽을 것 좀 갖다 줄게.

Oh, no. There's <u>nothing</u> **to wear** in the closet. 아, 이런. 옷장에 입을 게 하나도 없잖아.

I can't find <u>anything</u> **to cook with** in the fridge. 냉장고 안에 요리를 할 재료가 하나도 없어.

스피킹
연습
2-1

보기에 주어진 단어들 중 적절한 것들을 골라 우리말에 맞게 빈칸을 채우세요.

 a stain   someone   a guy   get   look   rely   travel   of   on   to   with

1) 여기 지워야 할 얼룩이 있다.

   Here's _____ rid _____.

2) 나는 같이 여행할 사람을 찾고 있어.

   I'm looking for _____.

3) 나는 내가 기댈 수 있는 남자를 찾고 있었어.

   I've been looking for _____.

4) 모든 사람들이 존경할 수 있는 누군가를 필요로 해.

   Everyone needs _____ up _____.

스피킹
연습
3-1

우리말에 맞게 괄호 안의 단어를 올바르게 배열하여 빈칸을 채우세요.

1) 냉장고에 먹을 게 좀 있어?

   Is there _____? (in the fridge, anything, eat, to)

2) 저한테 할 일을 좀 주세요.

   Please give me _____. (to, something, do)

3) 우리 끝낼 일이 좀 있어.

   We have _____. (finish, to, something)

4) 오늘 저녁엔 할 일이 없어.

   There's _____. (nothing, do, tonight, to)

● 다음 우리말을 영어로 말해 보세요.
오늘은 아침부터 저녁까지 밥 먹을 시간이 없었어요. 해야 할 일이 많았거든요. 먹을 것이 좀
필요하네요. 쉴 시간도 필요하고요.

아침부터 저녁까지 from morning till evening ┃ 쉬다 take a rest

UNIT 31

I mean that guy who is wearing a pink shirt.

핑크색 셔츠를 입은 저 남자 말이야.

사람과 사물을 부가 설명하는 관계대명사로 말하기

태연 쌤's 말이 되는 ▶ **관계대명사**

함께 장을 보러 간 친구가 저에게 물었습니다. "Do you know that guy? He's looking at you.(너, 저 남자 알아? 저 남자가 너를 쳐다보고 있는데.)" 저는 누구를 말하나 하고, "Who? Who are you talking about?(누구? 누구 말이야?)"이라고 되물었죠. 친구는, "I mean that guy who is wearing a pink shirt.(핑크색 셔츠를 입은 저 남자 말이야.)"라고 하더라고요. "Ahh, I see. Yes, I do. He's one of my neighbors. He has a dog which is really cute.(아, 알겠다. 응, 알아. 우리 이웃 사람이야. 아주 귀여운 강아지를 키워.)"라고 대답했습니다. 이렇게 '~하는 누구, ~한 무엇'처럼 사람이나 동물 또는 사물을 부연 설명해 주는 문장을 이어 말할 때 who, which, that, what과 같은 관계대명사를 쓸 수 있어요. 단어 뒤에 관계대명사와 그 단어를 부가 설명하는 문장을 덧붙이면 됩니다. 관계대명사를 이용해서 무언가를 구체적으로 설명하는 문장을 말해 보세요.

★ 스피킹 노하우 1

사람을 가리키는 말 뒤에 who나 that을 쓰고 이어서 그 사람을 구체적으로 설명해 주는 문장을 쓰세요.

의미에 따라 who나 that이 뒤에 나오는 문장의 주어가 되기도 하고, 목적어가 되기도 합니다. 목적어로 쓰인 who나 that은 생략할 수 있어요.

I'm attracted to <u>guys</u> **who are consistent**. 나는 변함없는 남자한테 끌려.

Kelly is in love with <u>someone</u> **who is from Australia**. 켈리는 호주 사람이랑 사랑에 빠졌어.

I need <u>a part-timer</u> **that is diligent and passionate**.
성실하고 열정적인 아르바이트생이 한 명 필요한데.

Who's <u>the guy</u> **(who[that]) you talked about**?
네가 말한 그 남자가 누구야? (who[that]가 you talked about의 목적어라서 생략 가능)

우리말과 같은 뜻이 되도록 괄호 안의 단어를 올바르게 배열하여 영어 문장을 완성해 보세요.

1) 그 여자는 믿을 만한 사람이에요.

   She is _____. (is, who, dependable, someone)

2) 난 이 분야에서 존경 받는 사람이 되고 싶어.

   I want to become _____ in this field.
   (is, someone, respected, who)

3) 이쪽은 내가 일전에 얘기했던 내 사업 파트너야.

   This is _____ you about the other day.
   (I, my business partner, talked to, that)

4) 이 프로젝트에 투입될 전문가들이 더 필요합니다.

   We need more _____.
   (can, experts, we, that, put, in)

괄호 안의 단어를 이용해서 우리말 대화를 영어로 완성해 보세요.

1) A: 나는 변함없는 사람한테 끌려.

   I'm attracted to _____.
   (someone, consistent)

   B: 내가 딱 그런 남자 아는데.

   I know just the guy.

2) A: 너는 어떤 남자 좋아해?

   What kind of guy _____? (like)

   B: 나는 똑똑하고 유머감각이 있는 사람이 좋더라.

   I like _____.
   (someone, smart and humorous)

사물이나 동물을 가리키는 말 뒤에 which나 that을 쓰고 이어서 그 사물이나 동물을 구체적으로 설명해 주는 문장을 쓰세요.

의미에 따라 which나 that이 뒤에 나오는 문장의 주어가 되기도 하고, 목적어가 되기도 합니다. 마찬가지로 목적어로 쓰인 which나 that은 생략할 수 있어요.

My boyfriend used to have a dog which was faithful.
내 남자친구는 충실하게 잘 따르는 강아지를 키웠었어.

He made me a pizza which was so delicious. 그 사람이 내게 아주 맛있는 피자를 만들어 줬어.

Let's get a new computer that is light and inexpensive.
가볍고 비싸지 않은 컴퓨터를 하나 새로 사자.

They live in a hanok that is 150 years old. 그들은 150년 된 한옥에서 살아.

Did you see this dress (that) I bought yesterday. 내가 어제 산 이 원피스 봤니?

This is the book (that) I told you about. 이게 내가 너한테 말했던 그 책이야.

명사 없이 what을 쓰고 이어서 설명해 주는 문장을 쓰세요.

what은 그 자체가 명사를 포함하고 있는 '～하는 것'이라는 뜻으로 앞에 다른 명사 즉, 사람이나 사물, 동물 등을 가리키는 말을 쓰지 않습니다.

Show me what you have in your hand. 손에 가지고 있는 거 나한테 보여줘.

Please tell me once more what you've just said. 방금 네가 했던 말 한 번만 더 해주라.

Did you understand what he told us? 너 그 사람이 우리한테 했던 말 알아들었어?

스피킹 연습 2-1 우리말과 같은 뜻이 되도록 괄호 안의 단어를 이용해서 영어 문장을 완성해 보세요.

1) 이게 향기가 나는 내가 제일 좋아하는 펜이야.

This is my favorite pen _____. (be scented)

2) 나는 5년 전에 산 드레스가 하나 있어.

I have a dress _____ five years ago. (buy)

3) 나는 신맛이 안 나는 커피를 더 좋아해.

I prefer coffee _____ sour. (taste)

4) 이것보다 작은 신발 있나요?

Are there any shoes _____ than these? (be smaller)

스피킹 연습 3-1 우리말에 맞게 괄호 안의 단어를 올바르게 배열하여 빈칸을 채우세요.

1) 나는 네가 방금 한 말이 무슨 말인지 모르겠어.

I don't understand _____.
(told, what, just, you, have, me)

2) 나는 그 남자가 무슨 생각을 하는지 늘 알고 싶어.

I always want to know _____.
(has, in, mind, what, he)

3) 내가 너한테 주려고 뭘 샀는지 봐.

Look _____. (got, I, you, what, for)

4) 이거 우리가 너한테 주려고 만든 거야.

This is _____. (what, made, for, we, you)

● 다음 우리말을 영어로 말해 보세요.

저는 나무로 만든 식탁을 하나 사러 갔어요. 그곳에서 계속 환하게 미소를 짓고 있던 판매원이 제가 좋은 걸 고를 수 있게 도와 주었어요. 결국 필요했던 것보다 훨씬 더 많이 구입을 했어요.

나무로 만든 made of wood ｜ 식탁 a kitchen table ｜ 판매원 a sales person ｜ 계속 미소를 짓다 keep smiling ｜ 환하게 brightly ｜ 고르다 choose ｜ 결국 eventually

UNIT 32

Do you remember the park where we first met?

우리가 처음 만났던 그 공원 기억나?

태연 쌤's 말이 되는 ▶ 관계부사

알콩달콩한 연애 끝에 드디어 부부가 된 친한 친구가 있습니다. 그 친구의 남편은 연애하던 시절이 너무나 좋았는지 늘 옛날 얘기를 꺼낸다고 하네요. "Do you remember the park where we first met?(우리가 처음 만났던 그 공원 기억나?) I still miss the time when I felt nervous and giddy around you.(나는 아직도 당신 옆에만 있으면 떨리고 두근두근하던 그 때가 그리워.)"라고요. How romantic! 정말 로맨틱하죠? 이렇게 '무엇을 했던 곳', '어땠던 시간', '~했던 때'라고 할 때는 관계부사 where 또는 when을 사용해 말할 수 있어요. 장소를 설명할 때는 where을, 시간을 설명할 때는 when을 쓰세요.

★ 스피킹 노하우 1

'누가 무엇을 했던 곳'이라고 할 때는 장소를 가리키는 말 뒤에 where을 쓰고 「주어 + 동사」를 쓰세요.

'우리가 처음 만났던 곳', '우리가 닭갈비를 먹었던 식당', '내가 이 옷을 산 가게'와 같이, 누가 무엇을 했던 장소를 설명할 때는 장소를 가리키는 말 뒤에 where을 쓰고, 「주어 + 동사」를 이어 쓰면 됩니다.

Let's go to the coffee shop where we drank milk tea. 우리 밀크티를 마셨던 그 커피숍에 가자.

Do you remember the place where we first met? 우리가 처음 만났던 곳 기억나?

Is this the shopping mall where you bought that pink dress?
이 쇼핑몰이 네가 그 분홍색 원피스를 산 곳이야?

Can you text me the address of the café where we had blueberry smoothies? 우리 블루베리 스무디 먹었던 그 카페 주소 좀 문자로 보내 줄래?

160 Part 2

우리말에 맞게 괄호 안의 단어를 올바르게 배열하여 빈칸을 채우세요.

1) 점심 먹을 수 있는 카페테리아 있나요?

Is there a cafeteria _____?
(have, where, lunch, can, I)

2) 우리가 커피 마셨던 카페 이름이 뭐였지?

What was the name of the café _____?
(coffee, where, drank, we)

3) 우리 에어쇼를 볼 수 있을 만한 곳을 찾아보자.

Let's find a place _____ the air show.
(we, watch, can, where)

4) 우리는 채식 메뉴를 주문할 수 있는 식당을 찾고 있어.

We're looking for _____ vegetarian meals.
(can, where, a restaurant, order, we)

괄호 안의 단어를 이용해서 우리말 대화를 영어로 완성해 보세요.

1) A: 우리가 처음 만났던 곳 기억해?

Do you remember _____ we first _____? (meet)

B: 음, 그 대학교 근처던가?

Well, is it near the university?

2) A: 나 닭갈비 먹을 수 있는 식당에 가고 싶다.

I want to go to _____ dakgalbi. (eat)

B: 닭갈비 얘기 나오니까, 배고파 죽겠네.

Speaking of dakgalbi, I _____. (starve)

'누가 무엇을 했던 때'라고 할 때는 시간을 가리키는 말 뒤에 when을 쓰고 「주어 + 동사」를 쓰세요.

'우리가 첫 데이트를 했던 날', '누가 나한테 전화했던 정확한 시간'과 같이 누가 무엇을 했던 때를 말하려면 시간을 나타내는 명사 뒤에 when을 쓰고 이어서 「주어 + 동사」를 말하면 됩니다.

I still miss <u>the moment</u> **when I fell for you.** 나는 내가 너한테 빠졌던 그 순간이 아직도 그리워.

Do you remember <u>the exact time</u> **when she called you**?
그녀가 너한테 전화를 한 그 정확한 시간이 기억나?

I want to go back to <u>the time</u> **when we were together.**
나는 우리가 함께였던 그 시간으로 돌아가고 싶어.

where과 when은 생략할 수 있는데 생략할 경우 전치사를 써야할 때도 있습니다.

장소를 나타내는 말 뒤에 쓰는 where과 때를 나타내는 말 뒤에 쓰는 when은 생략할 수 있어요. 단, the place를 제외한 다른 장소를 가리키는 말 뒤에 쓴 where을 생략할 때는 적당한 전치사를 문장 끝에 써야 합니다.

Do you remember <u>the parking lot</u> **where we parked our car**?

= Do you remember <u>the parking lot</u> **we parked our car at**?
우리가 차를 세운 주차장이 어딘지 생각나?

What's the name of the coffee shop **we had coffee at**?
우리가 커피를 마셨던 그 커피숍 이름이 뭐지?

Let's go to <u>the Italian restaurant</u> **we had lunch at.** 우리 점심 먹었던 그 이태리 식당에 가자.

I wrote down <u>the exact time</u> **we arrived there.** 나는 우리가 거기 도착한 정확한 시간을 적어놨어.

스피킹
연습
2-1

우리말에 맞게 괄호 안에 주어진 말을 이용하여 관계부사가 들어간 문장으로 빈칸을 채우세요.

1) 하루 중 내가 제일 좋아하는 때는 해질녘 별이 뜨는 때야.

   My favorite time of day is at dusk _____.
   (the stars, come out)

2) 너 우리가 학교 창문 깼던 때 기억나니?

   Do you remember the day _____. (break)

3) 우리 부모님이 도착하신 게 며칠이었더라?

   What date was it _____? (arrive)

4) 저는 택배를 발송하신 정확한 날짜를 알고 싶어요.

   I need the exact date _____. (ship, the parcel)

스피킹
연습
3-1

우리말에 맞게 괄호 안의 단어를 올바르게 배열하여 빈칸을 채우세요.

1) 우리가 묵었던 호텔 마음에 들었니?

   Did you like _____? (at, the hotel, stayed, we)

2) 이게 네가 일하는 커피숍이야?

   Is this _____? (working, the coffee shop, at, you, are)

3) 네가 살고 있는 아파트의 주소를 문자로 보내줘.

   Text me the address of _____.
   (the apartment, in, living, you, are)

4) 너네 삼촌이 일하고 계시는 나라에 가본 적 있어?

   Have you been to _____?
   (the country, in, is, your uncle, working)

나의 영어
스피치!

● 다음 우리말을 영어로 말해 보세요.
가끔씩 저는 어린 시절로 돌아가고 싶어요. 이유 없이 행복했던 그때가 그리워요. 가족이 다같이 살던 집도 그립네요.

💬 _____
어린 시절 childhood ┃ 이유없이 for no reason

UNIT 33 It's so sweet of you to say that.

그렇게 말해 주시니 참 다정하시네요.

'누가 어떻게 하는 것이 ~하다'라는 뜻의 가주어, 진주어 구문으로 말하기

 태연 쌤's 말이 되는 It, for, to 구문

언제나 누구에게나 좋은 말만 하는 사람들이 있죠? "It was helpful for you to do that.(그렇게 해주셔서 도움이 되었어요.)"이라든지 "It's a good chance for me to work with you.(같이 일하게 된 게 저에게 좋은 기회입니다.)"처럼 말이에요. 이렇게 누가 나에게 참 좋은 말을 해주면 "It's so sweet of you to say that.(그렇게 말해 주시니 참 다정하시네요.)"이라고 하고 싶습니다. 이렇게 '누가 무엇을 하는 게 어떠하다'라고 말할 때는 「It's + 어떠한(형용사/명사) + of/for 누구 + 무엇을 하는 것(to부정사)」 구문을 쓸 수 있어요. '무엇을 하는 게 어떠하다'라고 할 때는 「It's + 어떠한(형용사/명사) + 무엇을 하는 것(동명사)」으로도 쓸 수 있습니다.

★ 스피킹 노하우 1

'무엇을 하는 게 어떻다'라고 할 때 「It's + 형용사/명사 + to부정사」라고 쓰세요.

주어 자리에 it을 쓰는 이 구문에서 it은 그냥 이름만 주어일 뿐이지 뜻은 없어요. 그래서 it을 '가짜 주어'라는 의미에서 '가주어'라고 부릅니다. It's 뒤에 나오는 형용사나 명사의 진짜 주어는 그 뒤에 나오는 to부정사입니다. '무엇을 하는 게 어떻지 않다'라고 할 때는 It's 뒤에 not을 쓰면 돼요.

It's <u>hard</u> **to understand** his accent. 그 사람 억양은 알아듣기가 힘들어.

It's <u>fun</u> **to listen** to this radio show. 이 라디오 프로그램 듣는 거 재미있다.

It was not <u>easy</u> **to persuade** her. 그녀를 설득하기가 쉽지 않았어.

It was <u>so tricky</u> **to pass** the driving test. 운전면허 시험 통과하기가 너무 어려웠어.

우리말과 같은 뜻이 되도록 괄호 안의 단어를 이용해서 영어 문장을 완성해 보세요.

1) 그 사람이랑 얘기하는 거 너무 재미있었어.

   It _____ him. (a lot of fun, talk with)

2) 이 나라에서는 혼자 여행하는 게 위험하지 않아요.

   It's _____ in this country.
   (dangerous, travel alone)

3) 수영이랑 운전을 배워두는 건 아주 도움이 되죠.

   _____ really _____ swimming and driving.
   (helpful, learn)

4) 이 호스텔 찾는 거 너무 어려웠어요.

   _____ very _____ this hostel. (hard, find)

괄호 안의 단어를 이용해서 우리말 대화를 영어로 완성해 보세요.

1) A: 자원봉사자로 일하는 거 의미 있었어?

      _____ it _____ as a volunteer?
      (meaningful, work)

   B: 당연하지. 남들을 도와주면서 많이 배웠어.

      Of course. I _____ a lot from _____ others.
      (learn, help)

2) A: 여기서 다시 뵙게 되어 정말 반갑습니다.

      It's so _____ again. (good, see)

   B: 저도요. 같이 일하는 거 언제나 참 좋아요.

      Same here. _____ always great _____ with you.
      (work)

'누가' 무엇을 하는 것이 어떻다고 주어를 말할 때는 'for/of + 목적격'으로 쓰세요.

"It's difficult <u>for a five-year-old child</u> to solve this problem.(이런 문제를 다섯 살짜리 아이가 풀기에는 어렵다.)"과 같이 '누가' 무엇을 하는 게 어떠한지 말할 때는 「It's + 형용사/명사」 뒤에 「for + 누구」로 나타내는데요. 그 사람의 성격이나 기질이 어떠하다라고 말하는 형용사를 쓸 때는 for 대신 of를 씁니다.

★ 다음과 같은 형용사 뒤에는 「of + 누구」의 형태로 써야 합니다.

> 예 nice 좋은 | kind 친절한 | sweet 다정한 | caring 배려심이 있는 | smart 똑똑한 | patient 참을성이 있는 | careful 세심한 | careless 부주의한 등

Isn't it <u>too early</u> **for us** <u>to go</u> back home now? 우리 지금 집에 가긴 너무 이른 거 아니야?

It's been <u>an honor</u> **for me** <u>to work</u> with you. 같이 일하게 되어 영광이었습니다.

It's <u>nice</u> **of you** <u>to get</u> us pizza. 피자를 사주시다니 좋은 분이네요.

It was <u>kind</u> **of her** <u>to take</u> my parents to the airport. 그녀는 친절하게도 우리 부모님을 공항에 모셔다 드렸어.

'무엇을 하는 게 어떻다'라고 할 때 「It's + 형용사/명사 + 동명사」로 쓸 수도 있어요.

무엇을 하는 것이 어떻다고 할 때 '무엇을 하는 것' 자리에 to부정사가 아닌 동사원형에 ing를 붙인 동명사를 쓸 수도 있습니다.

It's <u>pleasant</u> **being** with you. 너랑 있는 게 즐거워.

It's <u>worth</u> **spending** money on travel. 여행에 돈을 쓰는 건 가치가 있어.

It's <u>enjoyable</u> **singing** while driving. 운전하면서 노래하면 재미있어.

It's <u>boring</u> **memorizing** texts without understanding them.
문장을 이해도 안 하고 그냥 외우는 건 지겹지.

It's <u>no use</u> **being** nice to them. 그 사람한테 잘해줘 봐야 소용없어.

스피킹 연습 2-1 우리말에 맞게 괄호 안의 단어를 올바르게 배열하여 빈칸을 채우세요.

1) 그렇게 말씀해주시다니 배려심이 많으시네요.

   It's considerate _____. (you, to say, of, so)

2) 제가 여러분과 같이 일할 수 있어서 영광이었어요.

   It was an honor _____.
   (me, for, to work, with, you)

3) 그렇게 대단한 칭찬을 해주시다니 너무 감사합니다.

   It's so nice _____ a great compliment.
   (you, of, to give me)

4) 내가 그런 것을 경험해 본 건 참 도움이 되었어.

   It was helpful _____ that kind of thing.
   (me, for, to experience)

스피킹 연습 3-1 우리말에 맞게 주어진 단어를 적절히 이용하여 빈칸을 채우세요.

1) 패러글라이딩 하는 거 짜릿하더라.

   It was _____. (thrilling, paraglide)

2) 어떤 때는 혼자 여행하는 게 피곤해요.

   Sometimes it's _____ alone. (tiring, travel)

3) 새로운 기술을 배우는 건 재미있잖아요.

   It's _____ new skills. (fun, learn)

4) 너랑 함께 시간을 보내는 건 언제나 너무 좋아.

   It's always _____ time with you. (great, spend)

나의 영어 스피치!

● 다음 우리말을 영어로 말해 보세요.
창업한다는 건 저에게 정말 힘든 일이었습니다. 혼자 일을 하는 것이 쉽지 않았습니다. 하지만 많은 사람에게 조언을 듣는 게 아주 도움이 되었습니다.

창업을 하다 start one's own business ┃ 조언을 듣다 listen to advice

UNIT 34

My sister is fluent in Chinese.

제 여동생은 중국어를 유창하게 해요.

상태나 성질, 크기, 색깔 등을 나타내는 형용사를 넣어 말하기

 태연 쌤's 말이 되는 형용사

저는 삼 남매인데 셋 다 성격이 아주 다릅니다.(All of us are different.) 저랑 남동생이 좀 비슷한데요(My brother and I are similar), 둘 다 외향적이고 유머감각이 많은 편이죠.(Both of us are outgoing and humorous.) 반면에 여동생은 내성적이고 수줍음을 잘 타는 편이에요.(My sister is introverted and shy.) 그런데 저와 비슷하게 여동생도 어학에 소질이 있어서 중국어를 유창하게 합니다.(She's talented in languages, so she's fluent in Chinese.) 지금 이렇게 제 가족 소개를 하면서 썼던 단어들인 different, similar, outgoing, humorous, introverted, shy, fluent는 다 형용사입니다. 형용사는 사람이나 물건 등의 성격, 모양, 크기, 색깔, 크기, 재질, 성질 등을 나타내요. 형용사는 기본 형태로도 쓰지만 다른 대상보다 더 어떠하다고 말하는 비교급과 가장 어떠하다고 말하는 최상급으로도 쓸 수 있어요. 주어의 성격이나 모양을 묘사할 때 다양한 형용사를 넣어서 말해 보세요.

★ 스피킹 노하우 1

사람이나 사물의 모양, 성격, 특징 등을 나타낼 때 형용사를 쓰세요.

형용사는 명사를 꾸며주는 역할을 합니다. 주로 명사의 앞에 쓰는데 ~thing으로 끝나는 말의 뒤에 쓰기도 해요. 또 2형식 문장에서는 주어를 설명하는 주격 보어로, 5형식 문장에서는 목적어를 설명하는 목적격 보어로 쓰입니다.

We bought **a new large round** <u>table</u>. 우리는 크고 원형인 탁자를 새로 샀어.

Why do you always <u>look</u> **so serious**? 너는 왜 그렇게 늘 심각한 표정을 하고 있니?

He speaks **perfect** <u>English</u>. 그는 완벽한 영어를 구사해.

Can I have <u>something</u> **cold**? 뭐 좀 차가운 것 좀 마실 수 있을까요?

I found <u>him</u> **patient** and **consistent**. 나는 그 사람이 인내심이 있고 변함이 없다는 걸 알았어.

우리말에 맞게 괄호 안의 단어를 올바르게 배열하여 빈칸을 채우세요.

1) 그는 잘생겼고 유머감각이 있어.

   He _____. (and, is, good-looking, humorous)

2) 그녀는 늘 행복해 보여.

   _____. (looks, she, happy, always)

3) 우리 엄마는 키가 크시고, 다정하시고 똑똑하셨어.

   My mother _____. (caring, tall, and, was, smart)

4) 영어로 소통을 하기 위해 완벽할 필요는 없답니다.

   You don't _____ in English.
   (to communicate, perfect, be, have to)

5) 나는 착하고, 한결같고, 마음이 따뜻한 사람이 좋아.

   I like someone _____.
   (warm-hearted, consistent, kind, is, who, and)

괄호 안의 단어를 이용해서 우리말 대화를 영어로 완성해 보세요.

1) A: 네 여자 친구는 배려심이 있는 것 같아.

   I think your girlfriend _____. (considerate)

   B: 그녀는 웃기고, 착하고, 마음이 열린 사람이야.

   She _____. (funny, kind, open-minded)

2) A: 우리 뭔가 매운 것 좀 먹자.

   Let's eat _____. (spicy)

   B: 좋아. 내가 보니까 네가 스트레스를 받은 것 같더라.

   Sounds _____. I noticed you're _____.
   (great, stressed out)

스피킹 노하우 2

'다른 비교 대상보다 더 어떠하다' 혹은 '덜 어떠하다'라고 할 때는 형용사의 비교급을 쓰세요.

형용사의 비교급을 만드는 방법은 두 가지인데요. 보통은 좀 짧다고 느껴지는 단어에는 끝에 –er을 붙이고, 좀 긴 단어는 앞에 more를 씁니다. 하지만 철자가 세 개 밖에 안 되는 fun의 비교급은 more fun이고, 철자가 길어 보이는 friendly의 비교급은 friendlier니까 비교급이 나올 때마다 잘 익혀두셔야 해요. 반대로 다른 비교 대상보다 '덜 어떠하다'라고 할 때는 형용사 앞에 less를 붙입니다.

> **주의** good의 비교급은 better, bad의 비교급은 worse

You look **prettier** in warm colors. 너는 따뜻한 색깔을 입으면 더 예뻐 보이더라.

We want to move to a **bigger** house. 우리는 더 큰 집으로 이사를 가고 싶어.

My husband is **more patient** than me. 우리 남편이 나보다 더 인내심이 많아.

Both of these plates are heavy, but this one is **less heavy**.
이 접시 두 개가 다 무거운데, 이게 덜 무겁네.

It could've been **worse**. 더 나쁠 수도 있었어.

 스피킹 노하우 3

'여러 개 중에서 제일 어떠하다'라고 할 때는 형용사의 최상급을 쓰세요.

보통 셋 이상이 있을 때 '제일 어떠하다', '가장 어떠하다'라고 말하는 형용사의 최상급은 형용사에 따라 앞에 most를 붙이거나 단어 끝에 –est를 붙이는데요. 비교급과는 달리 앞에 꼭 the를 붙인다는 것을 기억하세요.

> **주의** good의 최상급은 best, bad의 비교급은 worst

He's **the best** one ever. 그 사람이 여태까지 중에서 최고야.

This is **the most expensive** purse in this shop. 이게 이 가게에서 제일 비싼 지갑이네.

This is **the best** coffee at our coffee shop. 이게 저희 커피숍에서 최고의 커피입니다.

Tina is **the youngest** staff member here. 티나가 여기서 제일 젊은 스태프입니다.

● 형용사의 비교급, 최상급 변화

good – better – best, bad – worse – worst, expensive – more expensive – most expensive, beautiful – more beautiful – most beautiful, young – younger – youngest, confident – more confident – most confident, sensible – more sensible – most sensible

스피킹 연습 **2-1** 우리말과 같은 뜻이 되도록 보기에서 알맞은 말을 골라 적절히 변형하여 빈칸을 채우세요.

보기   fancy   friendly   good   tight

1) 이 식당이 다른 곳보다 더 멋져 보이네.

   This restaurant looks _____ than the other one.

2) 네 스케줄이 내 스케줄보다 더 빡빡하다.

   Your schedule is _____ than mine.

3) 그들이 런던 사람들보다 더 친절하더라.

   They were _____ than those in London.

4) 우리는 전보다 더 나은 관계에 있어.

   We're in a _____ relationship than before.

스피킹 연습 **3-1** 우리말과 같은 뜻이 되도록 괄호 안의 단어를 적절히 변형하여 영어 문장을 완성해 보세요.

1) 나는 그 여배우가 세상에서 제일 예쁜 거 같아.

   I think the actress is _____ in the world. (beautiful)

2) 와, 이건 올해 최고의 영화야!

   Wow, this is _____ of the year! (good)

3) 그는 내가 여태 만난 본 남자 중에 최악이야.

   He's _____ I've ever seen. (bad)

4) 제가 여기서 제일 나이가 많군요.

   I'm _____ in here. (old)

● 다음 우리말을 영어로 말해 보세요.
우리 아버지는 참을성이 매우 많으세요. 어떤 누구보다 더 자신감도 많고요. 우리 어머니는 아주 현명한 분이죠. 세상에서 제일 분별 있고 현명한 여성이에요.

참을성 있는 patient | 어떤 누구보다 than anyone else | 자신감이 있는 confident | 현명한 wise | 분별 있는 sensible

UNIT 35 It was such an exciting game.

정말 신나는 경기였어.

형용사 역할을 하는 현재분사와 과거분사로 말하기

태연 쌤's 말이 되는 ▶ 현재분사와 과거분사

최근에 일 때문에 스트레스를 많이 받고 힘들어 하는 친구랑 오랜만에 야구 경기를 보러 갔습니다. "It was such an exciting game.(정말 신나는 경기였어.)"이라고 친구에게 말하니 친구도 "My life has been boring recently but I feel excited now!(요새 내 삶이 지루했는데 지금은 신이 나네!)"라고 하더라고요. 이렇게 exciting, boring 처럼 동사에 -ing를 붙인 형태를 현재분사라고 하며 '~하는, ~하고 있는'이라는 뜻이 됩니다. excited처럼 동사에 -ed를 붙인 형태는 과거분사(p.p.)는 라고 하며 '~된, ~되어 버린'이라는 뜻이 돼요. bore(지루하게 하다), excite(신이 나게 하다), shock(충격을 주다), satisfy(만족시키다), interest(흥미를 끌다) 등과 같이 감정을 나타내는 동사는 '기분을 ~하게 만들어 주는'이라고 말할 때는 현재분사를, '~한 기분이 드는'이라고 말할 때는 과거분사를 써야 한다는 점을 주의하세요.

★ 스피킹 노하우 1

'~하는, ~하고 있는' 혹은 사람으로 하여금 '어떠한 기분이나 상태가 되게 하는' 이라고 할 때는 현재분사(~ing)를 쓰세요.

춤을 추고 있는 여자 아이(a dancing girl), 끝내주는 음식(amazing food), 감동적인 영화(the touching movie)와 같이, '~하는, ~하고 있는' 혹은 '어떤 기분이 들게, 어떤 상태가 되게 만들어주는' 이라고 할 때 동사에 -ing를 붙인 현재분사를 쓰면 됩니다.

Mom, I want to have that **moving** toy car. 엄마, 저기 있는 움직이는 장난감 차 갖고 싶어요.

Look at the **singing** birds. They're cute. 저기 저 지저귀는 새들 좀 봐. 귀여워.

Check this out. This article is **interesting**. 이것 좀 봐. 이 기사 재미있다.

The lecture was **boring**, so I fell asleep. 강의가 지루해서, 잠이 들어버렸어.

We'd been looking forward to seeing the movie, but it was **disappointing**.
우리는 그 영화를 보려고 손꼽아 기다렸는데, 실망스러웠어.

172 Part **2**

우리말과 같은 뜻이 되도록 보기에서 알맞은 단어를 골라 적절히 변형하여 빈칸을 채우세요.

보기   amaze   confuse   excite   surprise

1) 우린 어제 놀이동산에 갔었어. 신났었지!

We went to the amusement park yesterday. It was _____!

2) 이것들 너무 헷갈린다. 넌 구별할 수 있겠어?

These are _____. Can you distinguish them?

3) 그 영화는 정말 굉장해. 꼭 보라고 추천해 주고 싶다.

That movie is _____. I want to recommend that to you.

4) 네가 그렇게 말하는 것도 놀랍지 않다.

It's not _____ that you say so.

괄호 안의 단어를 적절히 변형하여 우리말 대화를 영어로 완성해 보세요.

1) A: 너, 추리소설 읽고 있구나! 그 책 스릴 넘치니?

Hey, you're _____ a detective novel! Is it _____?
(read, thrill)

B: 응. 이거 굉장하고 충격적이야.

Yes. This is _____ and _____. (amaze, shock)

2) A: 저 춤추고 있는 쌍둥이는 누구야?

Who are those _____ twins? (dance)

B: 내 여자 조카들이야! 매력적이지 않니?

They're my nieces. Aren't they _____? (charm)

'~된, ~되어버린' 혹은 사람이 '어떤 느낌을 받는'이라고 할 때는 과거분사(-ed)를 쓰세요.

깨진 창문(a broken window), 양념에 절여진 고기(marinated meat)와 같이 '~된, ~되어진' 혹은 '나 우울해.(I'm depressed.)'처럼 '어떤 기분을 느끼는'이라고 할 때는 과거분사 즉, 동사의 p.p. 형태를 쓰세요.

Is this **ironed** shirt mine? 여기 이 다려진 셔츠, 내 거야?

Did you notice that there was some **hidden** meaning? 숨겨진 의미가 있었는데 눈치 챘어?

I'm **interested** in science and history. 나는 과학이랑 역사에 관심이 있어.

Are you **satisfied** with your job? 너는 네 일에 만족하니?

I was **surprised** to hear the news. 나는 그 소식을 듣고 놀랐어.

You look **shocked**. What happened? 너 충격을 받았나 보다. 무슨 일이 있었어?

명사를 설명하는 분사 뒤에 수식어가 붙으면 분사를 명사 뒤에 쓰세요.

명사를 설명하는 분사가 뒤에 수식어가 붙어서 두 단어 이상으로 길 때는 이 분사 덩어리를 명사 뒤에 붙여 쓸 수 있는데요, '~하는, ~하고 있는'이라는 뜻일 때는 현재분사(-ing)를, '~된, ~되어버린'이라는 뜻일 때는 과거분사(p.p.)를 씁니다.

Do you know that guy **talking to Danny**? 저기 대니랑 얘기하고 있는 저 남자 알아?

Who are those people **waiting for you outside**? 밖에서 너를 기다리고 있는 저 사람들, 누구야?

Is that car **covered with snow** yours? 저기 눈으로 덮여 있는 차가 네 차야?

I like this lamp **made in Laos**. 이 라오스산 램프가 마음에 들어.

우리말과 같은 뜻이 되도록 괄호 안의 단어를 적절히 변형하여서 영어 문장을 완성해 보세요.

1) 내가 혼동이 되는 상황에 있어서, 좀 헷갈려.

I'm in a confusing situation, so I'm a little _____. (confuse)

2) 저희는 귀사의 서비스에 만족합니다.

We are _____ with your service. (satisfy)

3) 내일 소개팅 할 생각하니까 너무 설렌다.

I'm _____ about going on a blind date tomorrow. (excite)

4) 아, 너무 심심해. 뭐 재미있는 일 좀 없나?

Ah, I'm so _____. Is there anything fun? (bore)

우리말과 같은 뜻이 되도록 괄호 안의 단어를 적절히 변형하여서 영어 문장을 완성해 보세요.

1) 저기 통화 중인 남자 누구야?

Who's that guy _____? (talk on the phone)

2) 저기 사방이 울타리로 싸여 있는 집이 우리 집이야.

That house _____ is mine. (surround, by a fence)

3) 사장이랑 악수하고 있는 여자 봐봐.

Look at the girl _____ the CEO. (shake hands with)

4) 우리 사업에 관심을 보이는 사람이 있습니까?

Is there _____ in our business? (anyone, interest)

5) 그 카페는 바다가 내려다보이는 언덕 위에 있어.

The café stands on a hill _____. (overlook, the ocean)

● 다음 우리말을 영어로 말해 보세요.
저는 요즘 다시 운동을 시작했는데 정말 신이 납니다. 매일 여러 시간 일을 해도 피곤하거나 지치지 않아요. 운동의 효과는 정말 놀랍습니다.

~하는 것을 시작하다 start to ~ | 운동하다 work out | 지친 exhausted | 운동의 효과 the effect of exercise

I'm sorry to hear that.
그 말 들으니 안됐다.

태연 쌤's 말이 되는 ▶ 형용사 + to부정사

강아지 똘이는 12년간 저의 가족이었습니다. 일 끝내고 오면 꼬리가 떨어져라 반갑게 맞아주는 똘이에게 늘 그랬죠. "I'm so happy to live with you.(너랑 같이 살아서 너무 행복해.)"라고요. 똘이는 기쁘게 해주기 쉬운 녀석이었어요.(He was easy to please.) 그런데 똘이는 7살이 되던 해에 림프암 말기 판정을 받았어요. 저는 그 말을 듣고 너무 슬프고 걱정이 되었죠.(I was so sad and worried to hear that.) 똘이는 1년을 못 넘길 거라는 병원의 예상과 달리 5년을 더 살다가 떠났습니다. 똘이의 이야기를 들은 친구들은 "Oh, I'm sorry to hear that.(어떡하니, 그 말 들으니 안됐다.)"이라고 저를 위로해 주었지요. 이렇게 easy to please와 같이 형용사(easy) 뒤에 쓰는 to부정사(to please)는 '~하는 것이 어떻다'라고 형용사를 꾸며주는 역할을 합니다. 하지만 sorry to hear that처럼 감정을 나타내는 형용사(sorry) 뒤에 쓰는 to부정사(to hear that)는 그 감정의 이유나 원인을 나타내지요. 형용사 뒤에 to부정사를 써서 형용사를 설명하거나, 감정의 원인을 나타내는 표현을 해 보세요.

★ 스피킹 노하우 1

감정의 원인을 말하고 싶을 때 감정을 나타내는 형용사 뒤에 to부정사를 쓰세요.

어떠한 이유 때문에 어떠한 느낌이나 감정이 든다고 말할 때는 느낌이나 감정을 나타내는 형용사를 쓴 다음에 그 느낌이나 감정을 갖게 된 이유를 to부정사로 이어 써 주면 됩니다.

I was <u>surprised</u> to hear the story. 나는 그 이야기 듣고 놀랐어.

We're <u>relieved</u> to know that you're okay. 네가 괜찮다는 걸 알고 나니 안심이 된다.

I was <u>happy</u> to get your email this morning. 오늘 아침에 네 메일 받고 기뻤어.

I got your text message. I'm <u>glad</u> to hear that you're doing well.
네 문자 받았어. 네가 잘 지내고 있다는 걸 들으니 기분이 좋아.

우리말과 같은 뜻이 되도록 괄호 안의 단어를 적절히 변형해서 영어 문장을 완성해 보세요.

1) 너를 여기서 만나니 반갑다.

   I'm _____ you here. (glad, see)

2) 내가 널 도와줄 수 있어서 기뻐.

   I'm _____ you out. (happy, help)

3) 너희 집에서 이 책을 찾다니 놀랍다.

   I'm _____ this book at your house.
   (surprised, find)

4) 그 일이 잘 되었다는 걸 알게 되니 다행이다.

   I'm _____ that it went well. (relieved, know)

5) 저희 회사 대표님을 소개해 드려 기쁩니다.

   I'm _____ the president of our company.
   (pleased, introduce)

괄호 안의 단어를 어순에 맞게 배열하여 우리말 대화를 영어로 완성해 보세요.

1) A: 내가 그걸 이겨낼 수 있을 것 같아.

   I think I'll get over it.

   B: 네가 기분이 좋아 보이니 기쁘다.

   I'm _____ happy. (see, glad, you, to)

2) A: 내 문자 받고 놀랐니?

   _____ my message?
   (you, were, surprised, get, to)

   B: 아니, 그 말 듣고 기뻤어.

   No, I was _____. (to, happy, hear, that)

'주어가 ~하기에 어떻다'라고 말할 때는 주어가 어떤지 꾸며주는 형용사와 to부정사를 이어서 쓰세요.

'설명이 이해하기 어렵다' 또는 '어떤 기계가 사용하기 쉽다'처럼 '누가 또는 무엇이 ~하기에 어떻다'라고 말할 때는 주어와 be동사 뒤에 어떠한지를 나타내는 형용사를 쓴 다음에 '~하기에'를 나타내는 to부정사를 써서 말해 보세요.

His explanation is <u>hard</u> **to understand.** 그 사람의 설명은 알아듣기가 힘들어.

Their questions were <u>difficult</u> **to answer.** 그 질문들은 답을 하기가 어려웠어.

This book is <u>enjoyable</u> **to read.** 이 책은 읽기 재미있네.

This machine is <u>easy</u> **to use.** 이 기계는 사용하기 쉽네.

필요한 경우 「형용사 + to부정사」 뒤에 전치사를 쓰세요.

어떤 동사들은 뒤에 전치사가 필요하기도 한데요, 이런 경우는 to부정사에 쓰인 동사가 목적어를 쓰지 않는 자동사일 때 입니다. 예를 들어, '아르만이라는 사람은 같이 이야기를 하면 참 재미있다'라고 할 때 "Arman is fun to talk."라고만 하면 talk는 목적어를 쓰지 않는 동사이기 때문에 누구와 이야기를 하는지 모르는 어색한 문장이 됩니다. talk 뒤에 to 또는 with를 써서 아르만과 이야기 한다는 의미가 되게 만들어 줘야 합니다.

Arman is <u>fun</u> **to talk to[with].** 아르만이랑 이야기하면 재미있어.

This apartment is <u>nice</u> **to live in.** 이 아파트는 살기 좋아.

This area is <u>safe</u> **to walk around** at night. 이 주변은 밤에 걸어 다니기 안전해.

This topic is <u>too serious</u> **to talk about** now. 이 주제는 지금 이야기하기엔 너무 진지하다.

스피킹 연습 2-1

우리말에 맞게 보기에서 알맞은 단어를 골라 주어진 동사와 함께 빈칸을 채우세요.

> 보기   complicated   easy   difficult   hard

1) 그 사람 억양은 알아듣기가 힘들어.

    His accent is _____. (understand)

2) 이런 기계는 고치기 쉬워요.

    This kind of device is _____. (fix)

3) 네 레시피는 쓰기 어렵지가 않아.

    Your recipe is not _____. (use)

4) 이 추리소설은 읽기에 복잡해.

    This detective novel is _____. (read)

스피킹 연습 3-1

우리말과 같은 뜻이 되도록 괄호 안의 단어를 적절히 변형해 영어 문장을 완성해 보세요.

1) 케빈은 같이 있으면 즐거워.

    Kevin _____. (fun, be around)

2) 이 탁자는 버리기엔 너무 비싼 거야.

    This table _____ rid of. (too expensive, get)

3) 이 외투는 입기엔 너무 오래됐어.

    This jacket is _____. (too old, put on)

4) 그거 얘기하기 재미있네.

    That's _____. (fun, talk about)

● 다음 우리말을 영어로 말해 보세요.

내 낡은 텀블러는 들고 다니기 너무 무거웠다. 그래서 새 것을 샀다. 그 새 텀플러는 사기에 좀 비쌌지만 그걸 사서 기분이 좋았다.

텀블러 tumbler | 가지고 다니다 carry | 기분이 좋다 feel good

UNIT 37 Thank you for understanding.

이해해 주셔서 감사합니다.

감사하거나 미안한 마음을 나타내는 표현으로 말하기

 태연 쌤's 말이 되는 ▶ **감사하거나 미안한 표현**

저는 미안하다, 감사하다, 그리고 사랑한다는 말을 꽤 잘 하는 것 같아요. 내 상황과 생각을 이해해 주는 사람에겐, "Thank you for understanding.(이해해 주셔서 감사합니다.)"이라고 인사를 하고, 도움을 받으면 "Thank you for helping me.(도와주셔서 감사합니다.)"라고 인사를 하죠. 그리고 미안한 상황에서도 늘 말로 표현을 하려고 합니다. 늦으면 "I'm sorry for being late.(늦어서 죄송합니다.)"라고 말하고, 정말 죄송해서 사과를 해야 하는 상황에서는 "Let me apologize to you for this.(이 일에 대해서 제가 사과를 드리겠습니다.)"라고 합니다. 이렇게 고맙거나 미안하다는 표현을 할 때는 뒤에 for와 to를 써서 그 대상이나 이유를 나타내요. 미안하다는 표현인 I'm sorry 뒤에는 「to + 동사원형」, 「for + 동명사」로 그 이유를 나타낼 수 있는데요, 「to + 동사원형」은 지금 하려고 하는 일에 대한 사과, 「for + 동명사」를 쓰면 이미 했던 행동에 대한 사과를 나타냅니다.

★ 스피킹 노하우 1

고맙다고 할 때는 Thank you나 thankful을 쓰고 뒤에 for를 이용해서 그 이유를 말해 보세요.

고맙다는 말은 Thank you, 또는 I'm thankful, I feel thankful로 표현할 수 있는데요, 뒤에 'for + 명사/동명사'를 써서 고마운 이유를 나타내면 됩니다. I'm thankful, I feel thankful을 쓸 때는 고마운 대상 앞에 to를 쓰고 그 뒤에 'for + 명사/동명사'를 이용해 이유를 말하면 됩니다.

Thank you for the coffee. 커피 고마워.

Thank you for having me today. 오늘 저를 불러주셔서 감사합니다.

I'm thankful to you for filling in for me. 저 대신 일을 해주셔서 감사드려요.

I feel thankful to my parents for buying me tickets.
나는 우리 부모님이 표를 사주셔서 감사한 마음이 들어요.

180 Part **2**

우리말과 같은 뜻이 되도록 괄호 안의 단어를 이용하여 빈칸을 채우세요.

1) 협조해 주셔서 감사합니다.

   Thank you _____. (your cooperation)

2) 시간 내줘서 고마워.

   Thank you _____. (your time)

3) 나를 위해서 해줬던 모든 것에 고마워.

   Thank you _____ you've done for me. (everything)

4) 당신 부모님이 나를 행복하게 해주셔서 감사해.

   I'm thankful _____. (your parents, make me happy)

5) 나는 내 남편이 나를 많이 도와줘서 고맙게 생각하고 있어.

   I feel thankful _____ a lot. (my husband, help me)

우리말과 같은 뜻이 되도록 괄호 안의 단어를 이용해서 영어 문장을 완성해 보세요.

1) A: 도와줘서 고마워.

   Thank you _____. (your help)

   B: 아니야. 내가 늘 너에게 고마운데 뭘.

   It's my pleasure. I'm _____.
   (always thankful, you)

2) A: 빨리 답신 주셔서 감사합니다.

   Thank you _____. (your quick response)

   B: 요청을 해주셔서 제가 감사드립니다.

   I feel _____. (thankful, you, your request)

'～ 덕분에'라는 말은 thanks to ～로, '～를 감사하다'라는 말은 I appreciate ～ 이라고 쓰세요.

'네 덕분에', '선생님 덕분에', '어떤 프로그램 덕분에', '어떤 강의 덕분에'라고 말하고 싶을 때는 thanks to 뒤에 도움을 받은 대상을 넣으면 됩니다. 그리고 감사함을 표현할 때 쓰는 appreciate는 뒤에 감사함을 느끼는 대상을 넣어서 말하면 돼요. appreciate 뒤에 사람을 쓰면 그 사람이 존재한다는 사실 자체에 감사한다는 말이 되는 거죠.

I could pass the test **thanks to** <u>my teacher</u>. 나는 우리 선생님 덕분에 시험에 합격했어.

I got first prize **thanks to** <u>my friend</u>. 나는 내 친구 덕분에 1등상을 탔어.

My English improved amazingly **thanks to** <u>EBS radio shows</u>.
EBS 라디오 프로그램들 덕분에 내 영어가 어마어마하게 늘었어.

I appreciate <u>it</u>. 감사합니다.

I appreciate <u>your help</u>. 도와주셔서 감사합니다.

이미 지난 일에 대한 사과는 I'm sorry 뒤에 'for 명사/동명사'로, 지금 하는 일이나 할 일에 대한 사과는 I'm sorry 뒤에 to부정사로 하세요.

누군가에게 미안하다고 할 때는 I'm/I feel sorry to 뒤에 미안함을 느끼는 이유를 넣으면 됩니다. 그 이유가 이미 지난 일이면 for 뒤에 명사나 동명사를 쓰고, 지금 하는 행동이나 앞으로 할 일이면 to부정사를 쓰세요.

I'm sorry <u>for being late</u>. 늦어서 미안.

I'm sorry <u>for making you confused</u>. 헷갈리게 해서 미안해.

I'm sorry <u>to bother you</u>, but I need this charger. 방해해서 미안한데, 이 충전기가 필요해.

스피킹 연습 2-1 우리말에 맞게 괄호 안의 단어들을 어순에 맞게 배열하여 빈칸을 채우세요.

1) 우리는 선생님들 덕분에 많은 걸 배웠어.

   We _____. (learned, our teachers, thanks, to, a lot)

2) 스미스 씨 덕분에, 학교는 새 교과서를 구입할 여유가 생겼어요.

   The school can now _____.
   (Mr. Smith, thanks, to, afford, new textbooks)

3) 나는 그것에 대해 감사하게 생각해.

   _____. (that, I, appreciate)

4) 우리는 너의 노력에 감사하고 있어.

   _____. (your effort, appreciate, we)

스피킹 연습 3-1 우리말에 맞게 보기에서 알맞은 단어를 골라 적절히 변형하여 빈칸을 채우세요.

> 보기   tell   visit   be   interrupt

1) 화를 냈던 거 미안해.

   I'm sorry _____ upset.

2) 미리 연락도 없이 찾아와서 미안해.

   I'm sorry _____ you without prior notice.

3) 방해했던 거 미안해.

   I'm sorry _____ you.

4) 이런 말 하게 돼서 미안해.

   I'm sorry _____ you this.

● 다음 우리말을 영어로 말해 보세요.
모든 분들 덕분에 제가 일등을 차지했어요. 저를 많이 지원해 주셔서 감사합니다. 정말로 모든 분들의 도움에 감사를 드려요.

일등을 차지하다 win first prize | 지원하다 support

UNIT 38
I'm going to the library to check out some books.

책 좀 빌리러 도서관에 가는 중이야.

목적을 나타내는 다양한 표현으로 말하기

 태연 쌤's 말이 되는 ## 목적을 나타내는 표현

도서관에 가는 길에 만난 동네 친구가 어디에 가냐고 묻더라고요. 그래서 저는 "I'm going to the library to check out some books.(책 좀 빌리러 도서관에 가는 중이야.)"라고 대답했어요. 그리고 저도 그 친구에게 "Where are you going?(어디 가?)"이라고 물었더니 "To the coffee shop for some ground coffee.(커피숍에 갈아 놓은 커피 사러 가.)"라고 하더라고요. 저도 일의 효율을 높이기 위해 그 커피숍에 자주 갑니다.(I often go there myself so that I can be more productive.) 이렇게 어떤 문장 뒤에 to check out some books, for some ground coffee, so that I can be more productive와 같이 to부정사나 for, so that을 이용한 표현을 사용하여 그 문장의 목적이나 이유를 설명할 수 있습니다. 이런 표현들을 활용해서 어떤 행동을 하는 목적이나 이유를 말해 보세요.

★ 스피킹 노하우 1

'~하러'라고 할 때 to부정사로 표현해 보세요.

'~을 하러 어디에 간다', 또는 '~을 하기 위해 어떤 행동을 한다'와 같이 목적을 나타내는 말을 할 때는 to부정사를 써서 표현할 수 있어요. 문맥에 따라 주어와 동사를 생략하고 「to + 동사원형」으로만 답할 수도 있습니다. 예를 들어 "Where are you going?(어디 가?)"이라고 물으면 "To hang out with friends.(친구들 만나러.)"와 같이 말할 수 있죠.

A: Why are you turning on the computer? 컴퓨터를 왜 켜는 거야?

B: **To finish my report.** 보고서 끝내려고.

Mr. Foreman called me **to change the schedule.** 포어맨 선생님이 스케줄을 바꾸려고 전화를 했었어.

I'm going to an ATM **to withdraw some money.** 나 돈 찾으러 ATM에 가.

우리말에 맞게 괄호 안의 단어를 적절히 변형해 빈칸을 채우세요.

1) 나는 장을 좀 보려고 재래시장에 가는 중이야.

I'm going to the traditional market _____.
(do some grocery shopping)

2) 남편이 우리 강아지 먹이려고 요리를 하고 있어.

My husband is cooking _____. (feed one's dog)

3) 나는 내 꿈을 이루기 위해 유학을 가려고 계획 중이야.

I'm planning to study abroad _____.
(make one's dream come true)

4) 우리 엄마는 외국 여행을 가시려고 영어를 배우고 계셔.

My mother is learning English _____. (travel abroad)

5) 나는 기차를 타려고 가능한 한 빨리 뛰었어.

I ran as fast as I could _____. (catch the train)

보기에서 알맞은 동사를 골라 적절하게 변형하여 우리말 대화를 영어로 완성하세요.

보기   work   meet   visit   get

1) A: 오늘 사무실에 일하러 오셨어요?

Did you come to the office _____ today?

B: 아니요, 여기 충전기를 두고 가서 가지러 왔어요.

No, I left my charger here, so I came _____ it.

2) A: 부산에는 친구들을 만나러 갔었어요?

Did you go to Busan _____ your friends?

B: 아니요, 할머니를 뵈러 갔었어요.

No, I went there _____ my grandmother.

'~을 위해, ~하러'라고 말할 때는 for 뒤에 명사를 쓰세요.

목적이나 이유를 표현할 때 to부정사 외에도 for 뒤에 명사를 써서 간결하게 나타낼 수 있습니다.

They went to Italy **for a vacation**. 그들은 이태리로 휴가갔어.

What would you like **for dinner**? 저녁 뭐 드실래요?

You need a lot of experience **for the job**. 그 일 하려면 경험이 많아야 해.

Let's go **for a walk**. 산책하러 나가자.

'누가 ~하지 않기 위해, 누가 ~할 수 있게'와 같이 구체적인 목적을 말할 때 「so that + 주어 + 조동사 ~」를 쓰세요.

'누가 ~하지 않기 위해서', '누가 ~할 수 있게'라는 목적을 말할 때 so that 뒤에 주어를 쓰고, 의미와 시제에 따라서 wouldn't, won't, can, could 중 알맞은 조동사와 동사원형을 쓰세요.

I ran **so that I wouldn't** be late. 늦지 않으려고 뛰었지.

Please speak slowly **so that** everyone **can** understand.
모두가 알아들을 수 있게 천천히 말씀해 주세요.

We whispered **so that** no one **could** hear our conversation.
우리는 우리가 하는 말을 아무도 못 알아듣게 속삭였어.

David moved to Ilsan **so that** he **could** see her more often.
데이비드는 그녀를 좀 더 자주 보려고 일산으로 이사를 갔어.

I put in my earbuds **so that I wouldn't** be disturbed. 나는 방해 받지 않으려고 이어폰을 꼈어.

우리말에 맞게 보기에서 알맞은 단어를 골라 어법에 맞게 변형하여 빈칸을 채우세요.

2-1

> 보기   housewarming party   position   mutual goal   new house

1) 너는 그 자리를 위해서 더욱 더 노력해야 해.

   You should try harder _____.

2) 남편이랑 나는 새 집을 사려고 돈을 모으고 있어.

   My husband and I are saving money _____.

3) 우리는 집들이를 하려고 집 청소를 하고 있어.

   We're cleaning up our house _____.

4) 우리는 우리 공동의 목표를 위해서 서로 돕고 있지.

   We're helping each other _____.

우리말과 같은 뜻이 되도록 괄호 안의 동사를 이용해서 영어 문장을 완성해 보세요.

3-1

1) 나는 주말에 일을 안 해도 되게 열심히 일하는 중이야.

   I'm working hard so that I _____ on the weekend. (have to work)

2) 나는 하나도 놓치지 않으려고 그 강의를 아주 귀 기울여 들었어.

   I listened to the lecture very carefully so that I _____ anything. (miss)

3) 데이비드는 그녀를 좀 더 자주 보려고 일산으로 이사를 갔어.

   David moved to Ilsan so that he _____ her more often. (see)

4) 나는 방해 받지 않으려고 이어폰을 꼈어.

   I put in my earbuds so that I _____. (be disturbed)

● 다음 우리말을 영어로 말해 보세요.

프레젠테이션을 할 때는 모두가 들을 수 있도록 큰 소리로 말하세요. 또 청중들이 집중할 수 있도록 그들을 바라 보세요. 무엇보다 연습을 많이 해야 합니다.

프레젠테이션을 하다 give a presentation ｜ 큰 소리로 loudly ｜ 청중 audience ｜ 집중하다 pay attention ｜ 무엇보다 most of all

UNIT 39
We don't have much time.

우리 시간이 많이 없어.

태연 쌤's 말이 되는 many, much, (a) few, (a) little

보고 싶었던 친구가 외국에서 왔는데 함께 보낼 수 있는 시간이 딱 하루밖에 없었어요. 시간은 별로 없고 같이 하고 싶은 건 많아서 일단 식당에 가서 맛있는 걸 먹고, 커피도 마시고, 아이스크림도 먹으러 가고 마카롱도 먹으러 갔습니다. 친구가 뭘 이렇게 많이 사주냐 길래, 저는 "We don't have much time.(우리 시간이 많이 없잖아.)"이라고 했죠. 시간(time)은 셀 수 없는 명사라 앞에 much를 쓰는데요, 무언가의 양을 나타낼 때는 그것이 셀 수 있는지 없는지에 따라 앞에 쓰는 말이 달라져요. 셀 수 있는 것 앞에는 many(많은)나 few(거의 없는), a few(약간 있는)를 쓰고, 셀 수 없는 것 앞에는 much(많은)나 little(거의 없는), a little(약간 있는)을 씁니다. 무언가의 수나 양을 표현할 때 셀 수 있는지 없는지에 따라 적절한 표현을 골라 써 보세요.

★ 스피킹 노하우 1

셀 수 있는 것이 많을 때는 many를, 셀 수 없는 것이 많을 때는 much를 쓰세요.

많은 걸 강조할 때는 many나 much 앞에 so를 쓸 수도 있습니다. many와 much는 명사 앞에 쓰기도 하고 그 자체로 명사처럼 쓰기도 합니다.

I made **many** foreign friends while traveling. 나는 여행하면서 외국인 친구들을 많이 사귀었어.

There were **so many** problems at the event. 행사에 문제가 많았어.

Jenny took **so many**. It's unfair. 제니가 너무 많이 가져갔어요. 이건 불공평해요. (many가 명사로 쓰임)

Don't worry. There's not **much** work to do now. 걱정 마. 이제 할 일이 많지 않아.

They're making **so much** noise now. 그 사람들 지금 정말 시끄럽게 하고 있어요.

We worked until late at night, but we've got so **much** left to do.
우리는 밤늦게까지 일을 했어. 근데도 할 일이 많이 남았네. (much가 명사로 쓰임)

괄호 안에 주어진 단어를 보고 (so) many 혹은 (so) much 선택하여 알맞게 변형해 빈칸을 채우세요.

1) 이 기사에 오류가 많네요.

There are _____ in this article. (mistake)

2) 아, 이런! 음식이 많이 상했어요.

Oh, no! _____ was spoiled. (food)

3) 내 남자친구는 한국에서 아주 많은 곳에 가 봤어.

My boyfriend has been to _____ in Korea. (place)

4) 그 수업에 학생들이 많았어요?

Were there _____ in the class? (student)

5) 우리 오늘 저녁에 끝내야 할 게 아직도 많아요?

Do we still have _____ to finish tonight? (work)

many 또는 much와 괄호 안의 단어를 이용해서 우리말 대화를 영어로 완성해 보세요.

1) A: 돈 많이 들었어?

Did it _____? (cost)

B: 별로. 할인을 받았어.

Not really. I got a discount.

2) A: 어젯밤에는 여러 시간 잘 수 있었어.

I was able to sleep _____ last night. (hour)

B: 그래서 오늘 좋아 보이는구나.

That's why you look great today.

셀 수 있는 것이 약간 있을 때는 a few를, 셀 수 없는 것이 약간 있을 때는 a little을 쓰세요.

셀 수 있는 것이 약간 있다고 할 때는 a few, just a few를 쓰고, 셀 수 없는 것이 약간 있다고 할 때는 a little, a little bit of, just a little bit of 중에서 하나를 쓰면 돼요. 그리고 a를 빼고 그냥 few, little 을 쓰면 '거의 없는', '거의 남지 않은'이라는 뜻이 됩니다.

A: Are any pumpkin-shaped cookies left? 호박 모양 쿠키 남았어?

B: Not many. **Just a few.** 많이는 아니고, 몇 개만.

I'd like **a little** salt in my soup. 수프에 소금 약간만 넣어 주세요.

Do you speak English? Well, **just a little.** 영어 하시나요? 음, 아주 조금요.

I don't need much help. I just need **just a little bit of** help. 많은 도움은 필요 없어. 그냥 약간의 도움만 필요할 뿐이야.

a lot of, lots of는 아주 많은 것을 나타낼 때 셀 수 있는 것과 셀 수 없는 것에 모두 쓰세요.

셀 수 있는 것이든 셀 수 없는 것이든 아주 많다고 할 때 a lot of와 lots of를 쓸 수 있습니다.

Lots of things have happened recently. 요새 많은 일이 일어났어.

We've got **a lot of** things to do today. 우리는 오늘 할 일이 많아.

Lots of students came to EBS to see us. 많은 학생들이 우리를 보러 EBS에 왔었어.

스피킹 연습 **2-1** 보기에서 알맞은 단어를 골라 a few 또는 a little과 함께 적절히 변형하여 빈칸을 채우세요.

> 보기   pepper   milk   minute   student

1) 저에게 시간을 조금만 주실래요?

Can you give me _____?

2) 여기에 후추를 조금만 뿌려 주셨으면 좋겠네요.

I want just _____ on it.

3) 학생 몇 명이 지각했어요.

_____ were late.

4) 걔들은 우유만 약간 마셨어.

They only drank _____.

스피킹 연습 **3-1** 우리말에 맞게 괄호 안에 주어진 단어를 적절하게 변형하여 쓰세요.

1) 그 도시에는 여행자들이 많았어.

There were lots of _____ in the city. (tourist)

2) 나 끝낼 일이 아주 많아.

I've got lots of _____ to get done. (thing)

3) 많은 아이들이 공연을 보려고 모여들었어.

Lots of _____ gathered to see the show. (kid)

4) 나는 폴란드에서 아주 많은 재미있는 책을 발견했어.

I found a lot of interesting _____ in Poland. (book)

 ● 다음 우리말을 영어로 말해 보세요.

저는 한가할 때 도서관에서 많은 시간을 보냅니다. 만약 많은 책 중에서 한 권의 특별한 책을 갖고 싶으면 서점에서 그 책을 구입한답니다.

한가한 free ┃ (시간을) 보내다 spend ┃ 소장하고 싶다 want to have ┃ ~중에 among

I like listening to the radio or reading books.

저는 라디오를 듣거나 책을 읽는 걸 좋아해요.

두 단어나 두 문장을 연결하는 접속사를 넣어 말하기

태연 쌤's 말이 되는 접속사 and, but, or, so

성격이 외향적인 사람들이라고 해서 늘 누군가와 같이 있고 싶은 것은 아니에요. 가끔은 혼자 있고 싶을 때도 있죠. 저도 외향적이긴 하지만 가끔은 혼자 있고 싶습니다.(I'm outgoing, but sometimes I want to be alone.) 저는 라디오를 듣거나, 조용한 곳에서 책을 읽는 걸 좋아하거든요.(I like listening to the radio or reading books in a quiet place.) 이렇게 문장이나 단어를 두 개 이상 연결해서 말할 때 and, but, or, so 중 하나를 넣을 수 있어요. 이런 접속사들 앞뒤에는 같은 자격의 말 즉, 단어와 단어, 동명사와 동명사, 문장과 문장처럼 같은 모양의 것을 써야 한다는 점을 주의하세요. 의미에 따라 and(그리고), but(그러나), or(또는), so(그래서) 중 하나를 써서 두 개 이상의 단어나 문장을 이어서 말해 보세요.

★ 스피킹 노하우 1

단어와 단어 중간에 and나 or를 넣어 보세요.

단어와 단어를 이어서 말할 때 and나 or를 쓸 수 있는데요, '무엇과 무엇'이라고 할 때는 and를 쓰고 '무엇 또는 무엇'이라고 할 때는 or를 씁니다.

My favorite fruits are strawberries and pineapples. 내가 제일 좋아하는 과일은 딸기랑 파인애플이야.

I love dancing and playing the drums. 나는 춤추는 거랑 드럼 치는 걸 아주 좋아해.

My boyfriend and I have a lot in common. 내 남자친구랑 나는 통하는 게 아주 많아.

We communicate very often through phone calls or texts. 우리는 전화나 문자로 연락을 자주 해.

우리말과 같은 뜻이 되도록 괄호 안의 단어들을 접속사로 연결해 빈칸을 채우세요.

1) 저는 영어랑 프랑스어를 배우고 싶어요.

   I would like to learn _____. (English, French)

2) 야구와 농구가 미국의 2대 인기 스포츠지.

   _____ are two popular American sports.
   (baseball, basketball)

3) 뜨거운 아메리카노 마실래, 아니면 아이스 아메리카노 마실래?

   Would you like _____?
   (a hot Americano, an iced Americano)

4) 딸기가 더 좋아? 파인애플이 더 좋아?

   Do you prefer _____?
   (strawberries, pineapples)

5) 우리 라트비아 갈까, 에스토니아 갈까?

   Shall we go to _____? (Latvia, Estonia)

괄호 안의 단어와 적절한 접속사를 이용해서 우리말 대화를 영어로 완성해 보세요.

1) A: 나는 달리기랑 등산을 좋아해.

   I like _____. (running, hiking)

   B: 그럼 우리 북한산에 가자. 내일 갈까, 아니면 모레?

   Then let's go to Bukhansan. Shall we go _____?
   (tomorrow, the day after tomorrow)

2) A: 나 하루나 이틀 휴가 낼 수 있을 것 같아.

   I think I can take _____. (one, two days off)

   B: 잘됐다. 그럼 우리 강릉으로 여행 가자.

   Nice. Then let's travel to Gangneung.

두 개의 절을 and, but, or, so**로 이어서 말해 보세요.**

단어가 두 개 이상인데 동사가 없으면 '구'라고 하고, 동사가 있으면 '절'이라고 해요. 이런 절과 또 다른 절을 이어줄 때는 and, but, or, so를 씁니다.

and: ~하고 또 ~하다, but: ~하지만 ~하다, or: ~하거나 또는 ~하거나, so: 그래서 ~하다

Mike is athletic **and** his brother is humorous.
마이크는 운동 신경이 좋고, 그의 남동생은 유머 감각이 있어.

I'm quite busy **but** I can make time for you. 꽤 바쁘긴 한데, 너 만날 시간은 낼 수 있어.

Let's eat out **or** skip dinner. 우리 나가서 사먹거나 저녁을 거르자.

I had a previous plan **so** I couldn't join the work dinner. 선약이 있어서 회식에 못 갔어.

둘을 연결할 때 의미에 따라 both A and B, either A or B, neither A nor B**를 쓰세요.**

'A와 B 둘 다'라고 할 때는 both A and B를, 'A 또는 B'라고 할 때는 either A or B를, 'A와 B 둘 다 아닌'이라고 할 때는 neither A nor B를 씁니다.

Both Tom **and** Nick were interested in Jamie. 탐과 닉은 둘 다 제이미에게 관심이 있었어.

I can meet you **either** on Wednesday **or** on Friday. 나는 너를 수요일이나 금요일에 볼 수 있어.

It's **neither** hot **nor** humid today. 오늘은 덥지도 습하지도 않네.

스피킹 연습 2-1 우리말에 맞게 보기에서 알맞은 단어들을 골라 접속사와 함께 적절히 변형하여 빈칸을 채우세요.

> 보기   make   eat   finish   have   postpone

1) 나는 아주 바빴는데도, 그를 위해서 시간을 냈어.

   I _____ really busy, _____ I _____ some time for him.

2) 우리는 다이어트 중이었어, 그래서 많이 안 먹었지.

   We _____ on a diet, _____ we _____ a lot.

3) 그분들은 회의를 일찍 끝내고 싶어 하시는 거야, 아니면 연기하고 싶어 하시는 거야?

   Do theye want to _____ the meeting early, _____ to _____ it?

4) 난 독일에 한 번도 못 가봤는데, 우리 엄마는 가 보셨어.

   I've never been to Germany, _____ my mom _____.

스피킹 연습 3-1 우리말에 맞게 빈칸에 알맞은 접속사를 넣으세요.

1) 클라라랑 나 둘 다 이번 주에 바빠.

   _____ Clara _____ I are busy this week.

2) 나는 너와 네 남동생 둘 다 내 생일 파티에 초대하고 싶어.

   I'd like to invite _____ you _____ your brother to my birthday party.

3) 주로 마이크나 앤디가 엄마 청소하시는 걸 도와드려.

   Usually _____ Mike _____ Andy helps their mother clean.

4) 나도 소라도 일찍 퇴근할 수가 없었어.

   _____ Sora _____ I was able to leave work early.

● 다음 우리말을 영어로 말해 보세요.

제 강아지의 이름은 탐이고 고양이의 이름은 로즈예요. 탐은 로즈를 좋아하지만 로즈는 탐을 무서워해요. 그래서 요즘 둘을 서로 좋아하게 만들려고 노력 중입니다.

~을 무서워하다 be afraid of ~ ┃ 요즘 these days ┃ 노력하다 try

UNIT 41 Can I have some lukewarm water?

미지근한 물 좀 마실 수 있을까요?

어떤 것을 가리킬 때 쓰는 다양한 표현으로 말하기

 태연 쌤's 말이 되는 ## this, that, one, some, any

저는 목 관리를 위해 뭐 특별하게 하는 건 없지만, 가능하면 늘 미지근한 물이나 따뜻한 물을 마십니다. 그래서 누가 마실 것을 주겠다고 하면 늘 그러죠, "Can I have some lukewarm water, please?(미지근한 물 좀 마실 수 있을까요?)"라고요. 아! 저는 늘 제가 좋아하는 텀블러를 들고 다니는데요, "Please fill this tumbler with lukewarm water.(이 텀블러에 미지근한 물을 담아 주세요.)"라는 말도 잊지 않습니다. 이렇게 some lukewarm water나 this tumbler에 쓰인 some과 this처럼 무언가를 가리킬 때 쓰는 말들이 있어요. 가까이에 있거나 멀리 떨어진 것을 가리킬 때는 this(이것), that(저것), these(이것들), those(저것들)를, 또 아무거나 하나 혹은 여러 개를 가리킬 때는 one이나 ones를, '약간의 무엇'을 나타낼 때는 some이나 any를 쓸 수 있습니다.

★ 스피킹 노하우 1

나와 가까이에 있는 것은 this, 멀리 있는 것은 that으로 표현하세요.

나와 가까이 있는 어떤 사람이나 사물을 가리킬 때는 this, 약간 멀리 떨어져 있는 사물이나 사람을 가리킬 때는 that을 씁니다. 둘 이상의 복수형일 때는 가까운 것에 these를, 멀리 있는 것에 those를 써요. this, that, these, those 자체가 '이것', '저것', '이것들', '저것들'이라는 의미도 되고, 뒤에 명사를 써서 '이 ~', '저 ~', '이 ~들', '저 ~들'이라고 쓸 수도 있어요.

Would you like **this** one, or **that** one? 이게 좋나요, 저게 좋나요?

Can I have one of **those** pieces? 저거 한 조각만 주실래요?

Are **these** socks yours? 이 양말 네 거니?

Do you prefer **this** or **that**? 이게 더 좋아, 저게 더 좋아?

Is **that** yours? 저거 네 거니?

우리말과 같은 뜻이 되도록 빈칸을 채우세요.

1) 이걸 사고 싶어, 아니면 저걸 사고 싶어?

   Do you want to buy _____ or _____?

2) 이것들 중에 하나 주세요.

   Please give me one of _____.

3) 저 신발 네 꺼야?

   Are _____ shoes yours?

4) 난 이게 아주 마음에 든다.

   I really like _____ one.

5) 저 지갑 살래요.

   I'll take _____ purse.

보기에 주어진 단어를 이용하여 우리말 대화를 영어로 완성해 보세요.

> 보기   this   that   these   those

1) A: 이 가방 네 거야?

      Is _____ yours?

   B: 아니야. 저 파란색 배낭이 내 거야.

      No. _____ backpack is mine.

2) A: 나 이 새 운동화 신을래.

      I'm going to wear _____ sneakers.

   B: 그 운동화 마음에 드니?

      Do you like _____ sneakers?

어떤 것을 지칭하는 것이 아니라 막연하게 하나를 가리킬 때는 one을 쓰세요.

누군가 "Do you have a pen?(너 펜 있니?)"이라고 물으면 "Yes, I have one.(응, 나 펜 하나 있어.)"이라고 할 수 있는데요, 이렇게 앞에 나온 명사(a pen)를 또 반복하지 않고 one이라고 쓸 수 있어요. 앞에 나온 명사와 같은 종류의 아무 것이나 하나를 가리킬 때는 one을, 두 개 이상을 가리킬 때는 ones라고 합니다. one book처럼 one을 명사의 앞에 쓰면 '~ 한 개', '~ 하나'라는 뜻이 돼요.

A: Mom, I need a new backpack. 엄마, 저 배낭 새로 필요해요.

B: Okay, sweetheart, I'll buy you **one**. 알았어, 얘야, 엄마가 하나 새로 사줄게.

A: Can I wear these sunglasses? 이 선글라스 내가 껴도 돼?

B: No, they are new **ones**. 안돼, 그거 새 거란 말이야.

Is this **one** enough? 이거면 충분할까?

Do you need **one** basket or two baskets? 바구니가 하나 필요해, 아니면 두 개 필요해?

긍정문에서는 some을, 의문문이나 부정문에서는 any를 쓰세요.

some이나 any는 '조금, 약간의'라는 뜻인데 긍정문에는 some을, 의문문이나 부정문에는 any를 써요. 하지만 "Would you like some water?(물 좀 마실래요?)"처럼 의문문이라도 상대방에게 뭔가를 권할 때는 some을 씁니다. 이때 some의 의미는 '~ 좀' 정도라고 생각하면 돼요. 그리고 some이나 any 뒤에 명사를 쓰지 않기도 합니다.

Can I have **some** more ice? 저 얼음 좀 더 주실래요?

Don't worry. You didn't make **any** mistakes. 걱정 마. 너 실수 한 거 없어.

A: I made **some** cookies. Would you like **some**? 제가 쿠키를 좀 만들었는데, 좀 드실래요?

B: I don't like cookies. I don't want **any**. 저는 쿠키를 안 좋아해요. 안 먹을래요.

우리말과 같은 뜻이 되도록 보기에서 알맞은 단어를 골라 빈칸을 채우세요.

보기   one   more   sunglasses   ones   pen

1) 이거 네 거야?

Is this _____ yours?

2) 내가 선글라스를 잃어버려서 하나 새로 샀어.

I lost my _____, so I got new _____.

3) 중고품 써도 난 상관없어.

I don't mind using a used _____.

4) 저 커피 한 잔 더 마실 수 있을까요?

Can I have _____ cup of coffee?

some이나 any와 괄호 안의 단어를 이용하여 우리말에 맞게 빈칸을 채우세요.

1) 저 물 좀 마실 수 있을까요?

Can I have _____? (water)

2) 도움이 필요하세요?

Do you need _____? (help)

3) 냉장고에 얼음 있나?

Is there _____ in the fridge? (ice)

4) 돈 필요 없어요. 좀 있거든요.

I don't need _____. I have _____. (money)

● 다음 우리말을 영어로 말해 보세요.
나는 최근에 노트북을 잃어버려서 새 걸 사야 했다. 나는 노트북을 고를 줄 잘 몰라서 친구에게 도움을 좀 받았다. 친구 덕분에 좋은 노트북을 살 수 있었다.

최근에 recently ┃ ~을 잘 모르다 be not good at ~ ┃ ~의 도움을 받다 get help from ~ ┃ 덕분에 thanks to

UNIT 42 Your phone is on the kitchen table.

당신 전화기는 식탁 위에 있어.

장소나 방향을 나타내는 전치사를 넣어 말하기

태연 쌤's 말이 되는 장소와 방향을 나타내는 전치사

커플이나 부부 중에 한 사람은 무엇이 어디 있느냐고 계속 묻고, 다른 사람은 그걸 찾아주기 바쁜 경우가 많이 있더라고요. "Honey, where's my phone?(여보, 내 전화기 어디 있어?)" "Your phone is on the kitchen table. (당신 전화기는 식탁 위에 있어.)" "Honey, have you seen my car key?(여보, 내 차 키 봤어?)" "Your car key is in the basket on the table.(당신 차 키는 탁자 위에 있는 바구니 안에 있잖아.)" 이런 대화가 수시로 오가지요. 이렇게 무엇의 위치나 장소, 가는 방향 등을 알려줄 때 쓰는 게 전치사(in, at, on, to 등)입니다. '~안에'라고 할 때는 in 을 쓰고, 나라나 도시, 건물 등 앞에는 in을 쓰고, 구체적인 장소인 '호텔에서, 집에서, 회사에서'와 같이 말할 때 는 at을 써요. 또 건물 자체 앞에는 in을 쓰지만, 건물 안에서 열리는 행사나 공연 등의 앞에는 at을 쓴다는 차이 가 있습니다. 그리고 어떤 방향으로 향하는 것을 나타낼 때는 to를 써요. 장소, 방향 등에 따라서 적절한 전치사 를 써서 말해 보세요.

★ 스피킹 노하우 1

'어떤 것의 안에'라고 할 때는 in을, 장소나 위치를 나타낼 때는 in이나 at을 쓰세요.

'어떤 나라나 도시에서' 또는 '건물 안에서'라고 할 때는 in을, '문에, 공항에서, 공연장에서, 집에서'와 같 이 구체적인 지점을 말할 때는 at을 써요. 그리고 똑같이 hotel이라는 단어 앞에 쓸 때도, 호텔에서 식사 를 했으면 "We had dinner at the hotel."이라고 하는데, 호텔 안에 있는 모든 객실에는 욕조가 있다 고 할 때는 "All the rooms in the hotel have bath tubs."라고 합니다.

What's **in** your big suitcase? 그 큰 여행 가방 안에 뭐가 들은 거야?

I was born and have lived **in** a big city. 저는 대도시에서 태어나서 여태 살았어요.

Get the door. Somebody is **at** the door. 문 좀 열어줘. 누가 왔어.

우리말과 같은 뜻이 되도록 괄호 안의 단어와 전치사를 사용하여 빈칸을 채우세요.

1) 서울에 사세요, 아니면 일산에 사세요?

   Do you live _____ or _____? (Seoul, Ilsan)

2) 우리 오늘 저녁에 공원에서 만나자.

   Let's meet _____ tonight. (the park)

3) 나는 평소 이 커피숍에서 일해.

   I usually work _____. (this coffee shop)

4) 카페테리아에서 아침을 드실 수 있습니다.

   You can have breakfast _____. (the cafeteria)

5) 우리 모두 놀이 공원에서 아주 재미있게 놀았어.

   All of us had a lot of fun _____. (amusement park)

괄호 안의 단어와 알맞은 전치사를 이용해서 우리말 대화를 영어로 완성해 보세요.

1) A: 너 사무실에 있니? 나 여기 로비거든.

   Are you _____? I'm here _____.
   (the office, the lobby)

   B: 아니, 나 집에서 아기 보고 있어.

   No, I'm taking care of my baby _____. (home)

2) A: 안탈랴에서 뭐했는데?

   What did you do _____? (Antalya)

   B: 먹고, 돌아 다니고, 바다에서 수영했지.

   I ate, looked around and swam _____. (the beach)

★ 스피킹 노하우 2

'～로'라는 방향을 가리킬 때는 to를 쓰세요.

> 예) go to ～ ～로 가다 | get to ～ ～에 도착하다 | walk to ～ ～로 걸어가다 | drive to ～ ～로 운전해서 가다 | return to ～ ～로 돌아가다 | come to ～ ～로 오다

When are you going back **to** LA? 너는 언제 LA로 돌아가?

I can walk **to** the train station, so don't worry. 난 기차역까지 걸어갈 수 있어. 그러니까 걱정하지 마.

What's the fastest way to get **to** the airport? 공항까지 가는 제일 빠른 방법이 뭐예요?

I usually drive **to** work. 저는 주로 차로 출근해요.

When you're free, please come **to** my place. 시간 있으면 우리 집에 와.

★ 스피킹 노하우 3

'～로'라는 뜻인데도 to를 쓰지 않는 표현들을 기억하세요.

go home(집으로), go downtown(시내로), go upstairs(위층으로), go downstairs(아래층으로)는 '～로'라는 뜻이지만 go 뒤에 to를 쓰지 않는데요. home, downtown, upstairs, downstairs가 모두 부사라서 그렇습니다. 즉, '～로'라는 to의 의미를 이미 포함하고 있는 단어들이에요.

> 예) go home 집으로 가다 | walk home 집으로 걸어가다 | go upstairs 위층으로 올라가다 | go downstairs 아래층으로 내려가다 | get downtown 시내로 가다

What's the best way to get **home**? 집까지 가는 제일 좋은 방법이 뭐지?

How long does it take to get **downtown**? 시내까지 가는 데 얼마나 걸려?

Let's go **upstairs**. 우리 위층으로 올라가자.

스피킹 연습 2-1

우리말과 뜻이 같도록 적절한 전치사와 주어진 명사를 이용해 빈칸을 채우세요.

1) 저는 주로 차로 출근해요.

   I usually drive _____. (work)

2) 7시까지 만남의 장소로 와 주세요.

   Please return _____ by 7. (meeting point)

3) 이게 기차역으로 가는 제일 빠른 길인가요?

   Is this the _____? (fastest way, train station)

4) 여기 도착하시면 6층으로 올라 오세요.

   Please come up _____ when you arrive here. (6th floor)

스피킹 연습 3-1

우리말과 뜻이 같도록 괄호 안의 단어들을 알맞게 배열하세요.

1) 걔는 위층으로 올라갔어.

   _____. (goes, he, upstairs)

2) 집까지 걸어가도 괜찮니?

   _____? (to walk, is, it, home, okay)

3) 여기서 시내까지 어떻게 갈 수 있어요?

   _____ from here?
   (get, we, can, downtown, how)

4) 집에 갈 시간이다.

   _____. (to go, time, home)

● 다음 우리말을 영어로 말해 보세요.

남편과 나는 이번 주말에 프랑스로 휴가를 떠납니다. 언니가 프랑스에 살고 있거든요. 저희는 언니네 집에서 머물 예정입니다.

휴가를 가다 go on vacation ┃ 머물다 stay

UNIT 43

I get up at six in the morning.

저는 아침 6시경에 일어납니다.

태연 쌤's 말이 되는 ## 시간과 때를 나타내는 전치사

저는 아침 6시경에 일어납니다.(I get up at six in the morning.) 일요일에는 좀 늦게까지 자죠.(I sleep in on Sundays.) 6시부터 7시까지는 스트레칭을 하고 아침식사를 합니다.(I stretch and have breakfast from 6 to 7.) 그리고 나서 보통 7시에서 10시까지는 원고를 씁니다.(I write scripts from 7 to 10.) 이렇게 시간을 표현할 때 쓰는 전치사들이 많죠? 시간 앞에는 at, 요일 앞에는 on, 언제부터 언제까지라고 할 때는 from과 to를 씁니다. 이외에 between ~ and, for, until, by도 시간을 나타낼 때 자주 쓰이는 전치사들이에요. 언제 무엇을 하는지 시간이나 때를 나타낼 때는 적절한 전치사를 사용해서 말해 보세요.

★ 스피킹 노하우 1

시점을 나타낼 때 at, on, in 중에서 맞는 것을 쓰세요.

시간 앞에는 at을 쓰고, 요일 앞에는 on을 씁니다. 그리고 월이나 연도 앞에는 in을 쓰세요.

My class starts **at** 9 a.m. 수업은 아침 9시에 시작해.

I'm off **on** Fridays. 나는 금요일마다 쉬어.

He was born **in** May. 그 사람은 5월에 태어났어.

우리말과 같은 뜻이 되도록 괄호 안의 단어와 적절한 전치사를 이용해서 영어 문장을 완성해
보세요.

1) 나 10월에 터키 가.

I'm going to Turkey _____. (October)

2) 너 2011년에 한국에 있었어?

Were you _____? (Korea, 2011)

3) 우리 수요일에 만나자.

Let's meet up _____. (Wednesday)

4) 우리는 저녁 7시에 마쳐야 합니다.

We should finish _____. (7 p.m.)

5) 포어맨 선생님은 주중에는 아침을 안 드세요.

Mr. Foreman doesn't eat breakfast _____. (weekdays)

우리말 대화를 영어로 완성해보세요.

1) A: 우리 금요일 저녁 7시에 만날까?

Can we meet _____?

B: 음, 좀 늦게 만날 수 있을까? 내가 5월에는 주중에 너무 바빠.

Well, can we meet a little later? I'm very busy _____.

2) A: 너는 여름에 태어났어?

Were you born _____?

B: 아니, 나는 겨울에 태어났어. 내 생일은 2월이야.

No, I was born _____. My birthday is

_____.

'언제부터 언제까지'라고 할 때는 from ~ to ~를, '언제와 언제 사이에'는 between ~ and ~를 쓰세요.

We usually work **from 9 to 6.** 우리는 보통 9시에서 6시까지 일해.

I'm free **between 8 and 9.** 저는 8시에서 9시 사이에 한가합니다.

Can you give me a call **between 7 and 7:30?** 7시에서 7시 30분 사이에 전화 주실래요?

'얼마 동안'은 for, '언제까지 계속'은 until, '언제까지 완료'는 by를 쓰세요.

'얼마 동안'이라는 시간을 나타낼 때는 for 뒤에 숫자로 기간을 나타내는 말을 쓰고, 언제까지 어떤 행동이나 동작을 계속한다고 할 때는 until을, 어느 시점에 어떤 동작이나 행동을 완료한다고 할 때는 by를 씁니다. until과 by는 우리말로 하면 둘 다 '~까지'라서 헷갈릴 수 있는데요, until은 어느 시점까지 동작을 계속하는 의미의 동사와, by는 어느 시점에 동작을 완료하는 의미의 동사와 함께 씁니다.

cf. I should <u>work</u> until 9 p.m. 나는 저녁 9시까지 일을 해야 해. (저녁 9시까지 일을 계속 함)
I should <u>finish</u> this work by 9 p.m. 나는 저녁 9시까지 이 일을 끝내야 해. (저녁 9시까지 일을 마침)

This time I traveled in Turkey **for** three weeks. 이번에는 터키에서 3주간 여행을 했어요.

I'll be here **until** 8 o'clock. 나는 8시까지 여기 있을 거야.

Do you think we can finish this **by** 5? 우리 이거 5시까지 끝낼 수 있을까?

우리말과 같은 뜻이 되도록 보기에 주어진 전치사를 활용하여 빈칸을 채우세요.

보기   at   between   from   in   on   to

1) 1시부터 3시 사이에는 네 전화 못 받아.

I can't take your call _____.

2) 5시에서 8시 사이에 집에 있을 거니?

Will you be home _____?

3) 9시부터 11시까지 수업 있어.

I have classes _____.

4) 아침식사는 6시에서 9시 사이에 제공됩니다.

Breakfast is served _____.

우리말에 맞게 괄호 안에 주어진 말과 적절한 전치사를 이용하여 빈칸을 채우세요.

1) 아무래도 나 밤늦게까지 이 일을 해야 할 것 같아.

I'm afraid I should work on it _____ at night. (late)

2) 내일까지 이걸 전부 할 수 있어?

Can you do this all _____? (tomorrow)

3) 어젯밤에 나 4시간 밖에 못 잤어.

Last night, I slept _____. (only 4 hours)

4) 이거 목요일까지 끝낼 수 있어?

Can you get it done _____? (Thursday)

● 다음 우리말을 영어로 말해 보세요.

요즘 난 보통 아침 10시쯤 일어나요. 여름에는 재택근무를 하거든요. 점심 먹고 오후 1시부터 5시까지 일을 합니다. 저녁 먹고 또 8시에서 새벽 2시 사이에 4시간 정도 일을 해요.

재택근무를 하다 work from home

UNIT 44

I'll be back in thirty minutes.

삼십 분 후에 올게요.

목적어가 필요 없는 동사구로 말하기

태연 쌤's 말이 되는 목적어가 필요 없는 동사구

제 단골 커피숍의 사장님은 종종 엄청 피곤해할 때가 있어요. "I got up at five this morning.(오늘 아침에 5시에 일어났어요.) I'm tired, so I want to lie down.(피곤해서 누워있고 싶네요.)"이라고 하소연할 때도 있답니다. 그럴 때는 제가 잠깐 가게를 봐줄테니 나가서 쉬고 오라고 하죠. 그러면 사장님은 "Thank you. Then I'll be back in thirty minutes.(감사합니다. 삼십 분 후에 올게요.)"라고 하며 나갑니다. 앞서 말한 get up(일어나다)과 lie down(눕다), be back(돌아오다)은 두 단어가 하나의 뜻을 이루며 목적어가 필요 없는 동사구입니다. 단, 동사구는 원래 동사가 가진 뜻과 달라질 수도 있으니 나올 때마다 뜻을 외워두는 것이 좋습니다. 다양한 동사구를 익혀서 활용해 보세요.

★ 스피킹 노하우 1

동사 뒤에 away, back, around를 붙이는 것들을 기억하세요.

★ 이쪽에서 멀리 멀어진다는 의미를 갖는 away

예 walk away 멀리 걸어가 버리다 | run away 뛰어서 가버리다 | drive away 차를 몰고 떠나버리다 | go away 멀리 가버리다

★ 돌아온다는 의미를 갖는 back

예 be back 돌아오다 | come back 돌아오다 | go back 돌아가다

★ 둘러본다는 의미를 갖는 around

예 look around 둘러보다 | turn around 돌아보다

Don't just **walk away**. I've got something to tell you. 그냥 가버리지 마. 할 말이 있다고.

When are you **going back** to Jejudo? 제주도엔 언제 돌아갈 거야?

우리말과 같은 뜻이 되도록 빈칸에 알맞은 단어를 넣으세요.

1) 그는 아무 말도 안 하고 걸어가 버렸어.

   He just _____ without saying anything.

2) 넌 어제 왜 그냥 달려가 버렸니?

   Why did you just _____ yesterday?

3) 나는 우리나라로 돌아가고 싶지 않아.

   I don't want to _____ to my country.

4) 그는 내가 그의 이름을 부르니까 뒤를 돌아보더라.

   He _____ when I called his name.

5) 너 언제 돌아와?

   When are you _____?

괄호 안에 주어진 단어들을 올바르게 배열하여 우리말 대화와 뜻이 같도록 빈칸을 채우세요.

1) A: 왜 뒤를 돌아본 거야?

   _____? (turn, did, why, you, around)

   B: 누가 나를 부르는 줄 알았어.

   I think someone called my name.

2) A: 금방 올게. 차 가지고 가버리지 마.

   I'll be back in no time. _____.
   (away, don't, drive)

   B: 안 가. 천천히 해.

   I won't. Take your time.

동사 뒤에 쓰는 in, out, on, off를 기억하세요.

★ '안으로'라는 뜻을 가진 in, '밖으로'라는 뜻을 가진 out

> 예 go in 안으로 들어가다 | go out 밖으로 나가다 | get in 들어가다 | get out (of) 나가다 | work out 운동하다

★ '붙는다'라는 뜻을 가진 on, '떨어진다'라는 뜻을 가진 off

> 예 get on 버스나 기차 등에 타다 | get off 버스나 기차 등에서 내리다 | hold on 기다리다 | take off 이륙하다

Let's **get in** and look around. 우리 안에 들어가서 둘러보자.

Should I **get off** here? 저 여기서 내려야 하나요?

I **work out** regularly for my health. 나는 건강을 위해서 규칙적으로 운동을 해.

Do you know that girl who is **getting out** of your brother's car?
저기 너희 오빠 차에서 내리고 있는 저 여자 알아?

동사 뒤에 붙여 쓰는 up, down을 기억하세요.

★ '위로'라는 뜻을 가진 up, '아래로'라는 뜻을 가진 down

> 예 stand up 일어나다 | get up 일어나다 | wake up 잠에서 깨다 | look up 위를 올려다보다 | speak up 크게 말하다 | fall down 떨어지다 | sit down 앉다 | lie down 눕다 | slow down 속도를 늦추다

I'm too tired, so I want to **lie down** on the sofa. 나 너무 피곤해서 소파에 눕고 싶다.

I can't hear you, so could you please **speak up**? 잘 안 들리니까, 좀 크게 얘기해 주실래요?

Hey, **look up** to the sky! The stars are beautiful tonight.
저기, 하늘 좀 올려다 봐! 오늘 밤 별들이 아름답다.

2-1 보기에서 알맞은 단어들을 골라 적절히 조합하여 우리말에 맞게 빈칸을 채우세요.

> 보기   get   work   hold   in   out   on   off

1) 거기 가시려면 다음 정류장에서 내리셔야 해요.

   You should _____ at the next stop to get there.

2) 일주일에 몇 번 운동하세요?

   How many days a week do you _____?

3) 잠깐만 기다려주실래요?

   Can you _____ a minute?

4) 이 안이 답답하네. 여기서 나가자.

   It's stuffy in here. Let's _____ of here.

3-1 우리말과 같은 뜻이 되도록 괄호 안의 단어와 적절한 부사를 이용해서 영어 문장을 완성해 보세요.

1) 누워서 좀 쉬지 그래?

   Why don't you _____ and get some rest? (lie)

2) 나는 한밤중에 깼어.

   I _____ in the middle of the night. (wake)

3) 제가 들을 수 있게 좀 크게 얘기해 주실래요?

   Can you _____ so that I can hear you? (speak)

4) 우리 일어나서 춤추자!

   Let's _____ and dance! (stand)

● 다음 우리말을 영어로 말해 보세요.

난 오늘 아침에 친구와 쇼핑을 하려고 나갔죠. 우리는 전철을 타고 을지로 역에서 내렸어요. 우리는 두 시간 정도 백화점을 둘러보고는 너무 피곤해서, 집에 가려고 택시를 탔어요.

쇼핑을 하다 do some shopping | 백화점 department store

UNIT 45

May I try this on?

이거 입어봐도 되나요?

목적어가 필요한 동사구로 말하기

태연 쌤's 말이 되는 **목적어가 필요한 동사구**

외국에서 옷을 사러 가면 큰 상점에서는 대부분 입어볼 수 있지만 작은 상점에서는 안 된다고 할 수도 있어요. 그 럴 땐 이렇게 물어봅니다. "May I try this on?(이거 입어봐도 되나요?)"이라고요. 그리고 쇼핑백 사용을 자제하기 위해서 "You can put that in my bag. Here.(그거 제 가방에 넣어주시면 돼요. 여기요.)"이라고 말하곤 하지요. 이렇 게 try on(무엇을 입어보다), put in(무엇을 어디 안에 넣다)과 같은 동사들은 두 개의 단어가 하나의 덩어리를 이루 면서 목적어가 필요한 동사구입니다. 동사와 부사로 이루어진 동사구는 「동사 + 부사 + 목적어」, 「동사 + 목적어 + 부사」의 순서로 모두 쓸 수 있지만 목적어가 대명사(me, you, him, her, them, it)일 때는 반드시 「동사 + 목적 어 + 부사」의 순서로 써야 한다는 점 기억하세요.

★ 스피킹 노하우 1

몸에 착용을 하거나 전자 기기를 켤 때는 on, 벗거나 끌 때는 off를 쓰세요.

옷을 입거나 화장을 하거나 목걸이, 귀걸이를 착용하고 화장품을 바르는 것도 모두 on을 써서 표현하고 전자 기기를 켠다고 할 때도 on을 씁니다. 반대로 옷이나 신발을 벗거나 전자 기기를 끈다고 할 때는 off 를 씁니다.

> 예) put on 입다, 바르다 | take off 벗다 | turn on 켜다 | turn off 끄다

Put your sneakers **on**. We've got to run. 운동화 신어. 우린 달려야 해.

Take off your shoes and come in. 신발 벗고 들어와.

A: **Put on** a jacket. 외투 입어.

B: Okay, I'll **put** it **on**. 알았어, 입을게.

Did you **turn off** the lights? Yes, I **turned** them **off**. 불 껐어? 응. 껐어.

212 Part **2**

스피킹
연습

1-1

우리말과 같은 뜻이 되도록 빈칸에 알맞은 단어를 넣으세요.

1) 세수하고 나서 보습제를 좀 발라.

Put _____ moisturizer after washing your face.

2) 신발 벗어야 하나요?

Should I take _____ my shoes?

3) 컴퓨터를 쓰지 않을 때는 좀 꺼주세요.

Please turn _____ the computer when you're not using it.

4) 선풍기 좀 켜 줄래요?

Would you turn _____ the fan?

스피킹
연습

1-2

괄호 안에 주어진 단어들을 올바르게 배열하여 우리말 대화와 뜻이 같도록 빈칸을 채우세요.

1) A: 외투 좀 벗어도 될까요?

Can _____? (take, my jacket, off, I)

B: 그럼요. 이 안이 좀 덥네요.

Sure. It's pretty hot in here.

2) A: 에어컨 켜드릴까요?

Do you _____?
(to turn, the AC, on, me, want)

B: 네, 켜주세요. 날씨가 에어컨 없이는 견딜 수가 없네요.

Yes, please. The weather is unbearable without it.

들어 올리거나 데울 때는 up, 줄이거나 반대할 때는 down을 쓰세요.

어떤 것을 위로 들어 올리거나 소리 크기나 온도를 높인다고 할 때는 up을, 반대의 경우에는 down을 씁니다.

예 pick up 줍다, 데리러 가다 | warm up 데우다, 워밍업하다 | wake up 깨우다 | turn down 거절하다

Oh, you dropped your phone. Let me **pick** it **up**. 어머, 전화기 떨어뜨리셨네요. 제가 주울게요.

Oh, this food is cold. I'll **warm** it **up**. 아, 이 음식이 차갑네. 내가 데울게.

Please **wake** me **up** right when you get up. 너 일어나면 바로 나 깨워줘.

She **turned** me **down**. 그녀가 (내 데이트 신청을) 거절했어.

돌아가거나 돌려줄 때는 back, '멀리'라는 의미로는 away, '안에'라고 할 때는 in, '밖으로'라고 할 때는 out을 쓰세요.

예 bring back 다시 가져오다 | take back 돌려주다, 반납하다 | give back 돌려주다 | put back 다시 넣다 | throw away 내다 버리다 | put in 넣다 | fill out (양식이나 서류 등을) 작성하다 | check out (책을) 빌리다

This soup is too salty. I'll **put in** more water. 이 국 너무 짜다. 물을 더 넣을래.

A: I'm going to **throw away** these pictures. 나 이 사진들 버릴래.

B: Really? Are you going to **throw** them **away**? 정말? 그거 버릴 거야?

I should **take** these books **back** today. 이 책들을 오늘 반납해야 해.

스피킹 연습 2-1 보기에서 알맞은 단어들을 골라 적절히 조합하여 우리말에 맞게 빈칸을 채우세요.

> **보기** pick   turn   wake   warm   down   off   on   up

1) 내가 저녁으로 남은 음식을 데울게.

   I'll _____ the leftovers for dinner.

2) 나 너무 피곤하니까, 깨우지 마.

   I'm too tired, so don't _____ me _____.

3) 나 삼십 분 있다가 애 데리러 가야 해.

   I need to _____ my kid in thirty minutes.

4) 그녀가 내 데이트 신청을 거절했어.

   She _____ me _____.

스피킹 연습 3-1 괄호 안의 단어를 이용해 우리말 뜻에 맞게 빈칸을 채워 보세요.

1) 이 신청서를 작성해 주세요.

   Please _____ this application form. (fill)

2) 나 이거 그들에게 돌려줄래.

   I want to _____ it _____ to them. (give)

3) 잠깐. 나 이거 다시 상자에 넣을게.

   Wait. I'll _____ it _____ in the box. (put)

4) 이 책을 도서관에 반납할 시간이 없네.

   I don't have time to _____ this book _____ to the library. (take)

나의 영어 스피치!

● 다음 우리말을 영어로 말해 보세요.
날씨가 추워서 외투를 입고 밖에 나갔다. 나는 새로 이사온 동네에서 도서관 카드를 만들었다. 신청서를 쓰고 책을 몇 권 빌렸다. 그 책들은 다음 주 토요일까지 반납해야 한다.

동네 neighborhood | 도서관 카드 library card | 신청서 application form

UNIT 46
When I'm stressed, I crave something spicy.

저는 스트레스를 받으면, 매운 게 당겨요.

때나 상황을 가리키는 when, whenever, if를 넣어 말하기

태연 쌤's 말이 되는 # when, whenever, if

여러분은 스트레스를 어떻게 푸세요? 저는 스트레스를 받으면, 매운 게 당기더라고요.(When I'm stressed, I crave something spicy.) 제 친구 하나는 스트레스를 받으면, 잠을 충분히 잔다고 하네요(When she's stressed, she gets enough sleep). 저는 너무 많이 자면, 더 피곤한데 말이죠.(If I sleep too much, I feel more tired.) 이런 식으로 때나 상황을 나타내는 문장을 쓸 때는 접속사 when(~할 때)이나 if(~하면)를 넣어서 말할 수 있어요. 접속사는 두 개의 문장을 이어줄 수 있는데요, '누가 ~할 때'는 「when + 주어 + 동사」로, '누가 ~할 때마다'라고 할 때는 「whenever + 주어 + 동사」로, 그리고 '누가 ~하면'이라고 할 때는 「if + 주어 + 동사」로 쓰고 그 뒤에 「다른 주어 + 다른 동사」를 이어서 쓰면 돼요. when과 whenever, if를 사용해서 때나 상황을 나타내는 말을 해 보세요.

★ 스피킹 노하우 1

'〜할 때'라는 뜻으로 말할 때 when**을 쓰세요.**

'누가 〜할 때', '무엇이 〜할 때'라고 말할 때는 when 뒤에 「주어 + 동사」를 쓰세요.

When I am tired, I don't drive. 나는 피곤할 때는, 운전을 안 해.

Eve was 38 years old **when** she got divorced. 이브는 이혼할 때 38살이었어.

I'll call you **when** I get there. 거기 도착하면 전화할게.

Let's talk about it later **when** we have enough time.
나중에 우리 시간이 충분할 때 이 얘기 다시 하자.

우리말과 같은 뜻이 되도록 괄호 안의 단어들을 알맞게 배열하세요.

1) 여기 도착하면 문자 해.

   Text me _____. (you, here, when, arrive)

2) 집에 오면 조용히 좀 들어와요.

   _____, please come in quietly.
   (come, you, when, home)

3) 시간 낼 수 있을 것 같을 때, 알려줘.

   Please let me know _____.
   (make, when, time, you, can)

4) 강아지가 배고파 보이면 간식 좀 줘.

   _____, please give him a snack.
   (looks, the dog, when, hungry)

5) 드디어 호스텔을 찾았을 때가 거의 자정이었어.

   It was almost midnight _____.
   (found, when, finally, the hostel, I)

괄호 안에 주어진 단어들을 이용하여 우리말 대화와 같은 뜻이 되도록 빈칸을 채우세요.

1) A: 그래서, 어젯밤에 무료 콘서트는 봤어?

   So, did you see the free concert last night?

   B: 아니, 못 들어갔어. 도착하니까 줄이 길게 서 있더라고.

   No, we couldn't get in. There was a long line _____.
   (get there)

2) A: 나 이거 끝나면, 그 고깃집에서 밥 먹자.

   Let's eat at that barbeque restaurant _____. (be done)

   B: 좋아! 빨리 가고 싶다.

   Cool! I can't wait for it.

'~할 때마다'라고 할 때는 whenever를 쓰세요.

'누가 ~할 때마다'라고 할 때는 whenever 뒤에 「주어 + 동사」를 쓰세요.

Whenever I <u>have</u> my car washed, it starts to rain. 나는 세차를 하기만 하면, 비가 오더라.

Whenever I <u>go</u> shopping, I tend to buy more than I need.
나는 쇼핑을 가기만 하면, 필요한 것보다 더 많이 사는 경향이 있어.

I think you're abroad **whenever** I <u>call</u> you. 내가 너한테 전화를 할 때마다 너는 외국에 있는 것 같다.

'~하면'이라는 뜻으로 말할 때 if를 쓰세요.

'누가 ~하면', '무엇이 ~하면'이라고 할 때는 if 뒤에 「주어 + 동사」를 쓰세요.

If <u>you</u> <u>drive</u> now, you'll be late for work, so take the subway.
지금 운전하면 회사에 지각하니까 전철을 타.

If <u>you</u> <u>are</u> hungry, I'll make something for you. 너 배고프면 뭐 좀 만들어 줄게.

We can enjoy our picnic at the park **if** <u>it</u> <u>doesn't</u> rain.
비가 안 오면 우리는 공원에서 피크닉을 즐길 수 있는데.

Should I leave my car here **if** <u>it</u> <u>snows</u> a lot? 눈이 많이 오면 제 차를 여기 두고 가야 하나요?

스피킹
연습
2-1

우리말과 같은 뜻이 되도록 whenever와 괄호 안의 단어들을 알맞게 배열하세요.

1) 나는 스트레스를 많이 받을 때마다, 많이 먹어.

_____, I eat a lot. (I, stressed, get, out)

2) 우리는 논쟁을 벌일 때마다, 그것에 대해서 얘기를 많이 나눠.

_____, we talk a lot about that. (an, have, argument, we)

3) 오고 싶을 때 아무 때나 우리 집에 와도 돼.

You can come to my place _____. (want, you, to)

4) 언제든 들려주시면 환영입니다.

You'll be welcomed _____. (you, by, stop)

스피킹
연습
3-1

우리말의 밑줄 친 부분과 같은 뜻이 되도록 주어진 단어를 이용하여 빈칸을 채우세요.

1) <u>너가 피곤하면</u>, 그냥 집에 있자.

_____, let's just stay in. (be tired)

2) 언제든 전화주세요, <u>도움이 필요하시면</u>.

Don't hesitate to call us _____. (need any help)

3) <u>늦을 거 같으면</u>, 나한테 메시지 보내줘.

_____, please send me a message. (be going to be late)

4) <u>쓰레기통이 꽉 차면</u>, 쓰레기 좀 밖에 내놓아 줘.

_____, please take out the trash. (trash can, be full)

● 다음 우리말을 영어로 말해 보세요.

저는 사람들 앞에서 말을 할 때마다 긴장을 합니다. 만약 누군가와 눈이라도 마주치면 말문이 막혀버려요. 그래서 긴장이 되면 크게 심호흡을 합니다.

사람들 앞에서 말하다 speak in public ┃ 긴장하다 get nervous ┃ ~와 눈이 마주치다 make eye contact with ~ ┃ 말문이 막히다 become speechless ┃ 크게 심호흡을 하다 take a deep breath

Though it's hot, it's not humid.

덥긴 한데, 습하지는 않네요.

이유를 나타내는 because와 '~이긴 하지만'을 나타내는 though를 넣어 말하기

태연 쌤's 말이 되는 ## because, though

한국의 여름은 덥기도 하지만 습도도 높아서 너무 견디기 힘들어지고 있습니다. 유럽이나 다른 어떤 나라들의 여름도 온도가 높지만 그렇게 덥다고 느껴지지 않는 이유는 습하지 않아서라고 해요. 유럽에서 만난 외국인 친구에게 "Though it's hot, it's not humid.(덥긴 하지만, 습하지는 않네요.)"라고 말하면서 한국의 더위에 대해 얘기해 줬어요. "The weather is sometimes unbearable in summer in Korea because it's humid and sticky.(한국의 여름은 가끔은 견디기 힘든데, 그건 습하고 끈적거려서예요.)"라고요. 이렇게 주어와 동사가 있는 문장 두 개를 접속사를 이용해서 한 문장으로 만들 수 있는데요, 그 중에서 '~이긴 하지만'이라고 할 때는 접속사 though 또는 even though를, '~이기 때문에'라고 할 때는 접속사 because, since를 쓸 수 있습니다.

★ 스피킹 노하우 1

'~ 때문에', '왜냐하면 ~'이라고 이유를 말할 때 접속사 because를 쓰세요.

어떤 것에 대한 이유를 말할 때 because를 쓸 수 있는데요, because 뒤에 주어, 동사를 써서 '누가 어떻기 때문에, 무엇이 어떠하기 때문에'라고 말해 보세요.

I kept the AC on **because** it was extremely hot. 너무 너무 더워서 에어컨을 계속 켜놨어.

I can't hear you **because** it's too noisy here. 여기가 너무 시끄러워서 네 말이 안 들려.

I skipped running **because** it was raining heavily. 비가 너무 많이 와서 달리기는 건너 뛰었어.

우리말과 뜻이 같도록 because와 주어진 단어들을 이용하여 빈칸을 채우세요.

1) 냄새가 너무 지독하니까, 여기서 공부하지 말자.

Let's not study here, _____ here.
(the smell, horrible)

2) 나는 너무 피곤해서 파티에서 일찍 나왔어.

I left the party early, _____ . (too tired)

3) 너무 늦은 밤이니까 난 지금 커피 안 마실래.

I won't drink coffee now, _____ at night.
(too late)

4) 우리는 너무 배가 고파서 딱 우리 둘이 먹는데 아주 많이 시켰어.

We ordered a lot for just the two of us, _____ .
(starving)

괄호 안에 주어진 단어들을 올바르게 배열하여 우리말 대화를 영어로 완성해 보세요.

1) A: 왜 이어폰을 끼는 거야?

Why _____ ?
(wearing, are, earbuds, you)

B: 왜냐하면 여기가 너무 시끄러워서.

_____ here.

(too, because, noisy, is, it)

2) A: 당신, 오늘은 외출 안하고 싶다고? 왜?

You don't _____ tonight? Why not?
(to, go, want, out)

B: 왜냐하면 끝내야 할 일이 너무 많아.

_____ to get done.

(have, work, a lot of, I, because)

'~이니까'라는 이유를 말할 때 접속사 as나 since를 쓰세요.

because보다는 덜 직접적인 이유, 포괄적인 이유를 나타낼 때는 as나 since를 넣어서 말할 수 있어요.

As today is a national holiday, all the banks are closed.
오늘은 국경일이어서, 은행이 모두 문을 닫았어.

Since you paid for the dinner, I'll buy coffee. 네가 저녁을 샀으니까, 내가 커피를 살게.

Since we live in the same apartment, we meet up very often.
우리는 같은 아파트에 살아서, 아주 자주 만나.

'~이지만'이라고 할 때 접속사 though를 쓰세요.

'피곤했지만 할 일은 다 했다. 바빴지만 만나기로 했다'와 같이 '~이지만'이라고 할 때 though를 넣어 말할 수 있습니다.

Though I felt tired, I finished writing the scripts. 나는 피곤하긴 했지만, 원고 쓰는 걸 다 끝냈어.

We promised to meet at least once a week **though** both of us were busy.
우리는 둘 다 바쁘긴 했지만 적어도 일주일에 한 번은 만나기로 약속했어.

Though we're behind schedule, let's not work too hard.
우리가 일정이 늦어졌지만 무리는 하지 맙시다.

우리말과 뜻이 같도록 괄호 안에 주어진 단어들을 올바르게 배열하여 빈칸을 채우세요.

1) 난 빅풋이 실재한다고 믿지 않아, 지금껏 아무런 증거도 못 봤으니까.

I don't believe Bigfoot is real, _____.
(never, as, any proof, seen, I, have)

2) 예정보다 일정이 늦어지고 있어서 우린 일을 좀 더 서둘러야 합니다.

We should work faster _____.
(are, since, schedule, we, behind)

3) 네가 저녁을 샀으니까, 내가 커피를 살게.

_____, I'll buy you coffee.
(paid, dinner, since, you, for)

4) 우리 안 바쁘니까, 가고 싶으면 일찍 가도 돼.

_____, you can leave early if you want.
(not, since, we, busy, are)

우리말의 밑줄 친 부분에 맞게 though와 괄호 안에 있는 단어들을 이용해서 빈칸을 채우세요.

1) 비가 오고 있었지만, 나는 조깅을 하러 나갔어.

_____, I went out to go jogging. (it, rain)

2) 나는 소개팅에 관심은 없었는데, 그래도 나갔어.

_____ a blind date, I went out on one anyway.
(be interested in)

3) 아, 졸리고 지치지만 기분은 좋다.

Oh, _____, I feel happy. (be sleepy and tired)

4) 우리는 둘 다 바빴지만, 일주일에 한 번씩 만났다.

_____, we met once a week. (be busy)

나의 영어
스피치!

● 다음 우리말을 영어로 말해 보세요.
여자친구와 헤어진 이후, 저는 주말이면 하루 종일 집안에만 있어요. 아무것도 하고 싶지 않지만 월요일에는 출근을 해야 해요. 삶은 계속되어야 하니까 일을 해야 합니다.

~한 이후 since │ ~와 헤어지다 break up with ~ │ 집에 있다 stay at home │ 하루 종일 all day long │ 계속되다 go on

UNIT 48

Being on a diet, I didn't eat a lot.

다이어트 중이라, 많이는 안 먹었어.

접속사와 주어를 포함하는 뜻을 가진 분사구문으로 말하기

태연 쌤's 말이 되는 분사구문

한 식당에서 정말 맛있는 음식을 먹고 왔는데요, 아쉽게도 다이어트 중이라 가능한 한 적은 양을 천천히 먹었습니다. 나중에 동생에게 그 식당 음식이 정말 맛있으니 한번 같이 가자고 얘기를 하는데 동생이 다이어트 중인데 많이 먹은 거 아니냐며 묻습니다. 저는 약간 찔리긴 했지만, "Being on a diet, I didn't eat a lot.(다이어트 중이라 많이는 안 먹었어.)"이라고 했어요. 이렇게 '~이니까', '~라서'와 같이 말할 때는 원래 접속사를 쓰고 「주어 + 동사」를 써야 하는데요(Because I was on a diet), 접속사절의 접속사와 주어를 생략하고 동사를 분사로 바꿔 쓸 수 있습니다. 단, 접속사절의 주어는 주절의 주어와 같을 때 생략할 수 있어요. '주어가 ~한다'는 의미일 때는 동사를 현재분사(~ing)로, '주어가 ~된다'라는 의미일 때는 동사를 과거분사(p.p.)로 쓰세요.

★ 스피킹 노하우 1

'주어가 ~한다'는 의미일 때는 분사구문의 동사를 현재분사(~ing)로 쓰세요.

동사에 ing를 붙인 현재분사는 '~하는, ~하고 있는'이라는 뜻을 가지고 있어요. 접속사와 주어, 동사 부분을 해석했을 때 '주어가 무엇을 하고 있다'라는 능동적인 문장이면 접속사와 주어를 생략하고 동사에 ing를 붙인 현재분사로 시작하는 분사구문으로 쓸 수 있습니다.

I went to bed early **because I felt** tired. 난 일찍 잤는데, 왜냐하면 피곤했거든.

→ **Feeling** tired, I went to bed early. 피곤해서, 일찍 잤어.

As Betty was a vegetarian, she wanted to eat at a vegetarian restaurant.
베티가 채식주의자라서, 그녀는 채식 전문 식당에서 먹고 싶어했어.

→ **Being** a vegetarian, Betty wanted to eat at a vegetarian restaurant.
채식주의자라서, 베티는 채식 전문 식당에서 먹고 싶어했어.

스피킹 연습 **1-1**

우리말의 밑줄 친 부분과 뜻이 같도록 괄호 안의 단어들을 올바르게 배열하여 빈칸을 채우세요.

1) 너무 졸려서, 나는 운전을 안 하기로 했어.

_____, I decided not to drive. (too, sleepy, being)

2) 채식주의자라서, 그는 어떤 고기도 안 먹어.

_____, he doesn't eat meat of any kind.
(being, vegetarian, a)

3) 할 일이 너무 많아서, 일찍 퇴근할 수가 없었어.

_____, I couldn't leave work early.
(lots of, to do, having, work)

4) 다이어트 중이라서, 그렇게 많이 먹지 않았어.

_____, I didn't eat that much.
(a, diet, being, on)

5) 그들이 배가 고플 거라고 생각해서, 나는 그들에게 음식을 좀 내줬어.

_____, I offered them some food.
(that, thinking, they, be, hungry, might)

스피킹 연습 **1-2**

괄호 안의 단어들을 이용하여 우리말 대화를 영어로 완성하세요.

1) A: 할 일이 하나도 없어서, 그냥 낮잠을 잤어.

_____, I just took a nap. (have nothing to do)

B: 나한테 전화를 했었어야지.

You should've called me.

2) A: 커피 중독이라, 나는 매일 커피를 대여섯 잔 마셔.

_____, I drink five or six cups of coffee every day.
(be a coffee addict)

B: 그럼 잠이 들기 어렵지 않니?

Then don't you have any difficulty falling asleep?

'주어가 ~된다, 당한다'는 의미일 때는 분사구문의 동사를 과거분사(p.p.)로 쓰세요.

접속사가 있는 문장이 수동형이면 접속사와 주어를 생략하고 동사를 「Being + 과거분사(p.p.)」로 씁니다. 하지만 Being은 생략이 가능해서 그냥 과거분사(p.p.)로 시작하는 문장으로 말할 수 있어요.

(Being) Surrounded by a lot of people, I couldn't find a way out.
많은 사람들한테 둘러싸여서, 나는 나가는 길을 찾을 수가 없었어.

(Being) Wrapped by a plastic cover, the box was difficult to find.
비닐 커버에 쌓여 있어서, 그 상자를 찾기가 힘들었어.

분사구문의 부정은 분사 앞에 not을 쓰세요.

분사구문의 부정은 분사 앞에 not을 붙여서 Not ~ing, Not being p.p.와 같이 말하면 됩니다.

Not having a car, we had trouble getting around. 우리는 차가 없어서, 돌아다니는 게 힘들었어.

Not being able to speak Spanish, I had trouble communicating with the locals.
스페인어를 못해서, 나는 현지인들이랑 소통하는 데 애를 먹었어.

Not knowing his phone number, I couldn't contact him.
그 사람 전화번호를 몰라서, 그와 연락을 할 수가 없었어.

스피킹 연습 2-1 우리말과 같은 뜻이 되도록 괄호 안에 주어진 단어를 이용하여 빈칸을 채우세요.

1) 직업이 없어서, 그녀는 돈이 별로 없어.

_____, she doesn't have much money.
(be unemployed)

2) 핑크색을 입고 있으니까, 그녀가 커다란 홍학처럼 보였어.

_____, she looked like a big flamingo.
(be dressed, in pink)

3) 교통체증에 갇혀서, 제 시간에 도착할 수가 없었어.

_____, I couldn't make it on time. (stick, in traffic)

4) 파란색으로 페인트칠이 되어 있어서, 네 방은 나를 더 생산적으로 만든다.

_____, your room makes me more productive.
(paint, in blue)

스피킹 연습 3-1 우리말과 같은 뜻이 되도록 괄호 안의 단어들을 어순에 맞게 배열하여 빈칸을 채우세요.

1) 표가 없어서, 우리는 그 공연을 못 봤어.

_____, we couldn't see the show. (having, not, tickets)

2) 졸리지 않아서, 책 한 권을 더 읽었어.

_____, I read one more book. (sleepy, not, feeling)

3) 수영을 못 해서, 우리는 그냥 해변에서 쉬었어.

_____, we just relaxed on the beach.
(swim, able, being, to, not)

4) 도움을 못 받아서, 케빈은 10시간 넘게 일을 해야 했어.

_____, Kevin had to work more than 10 hours.
(helped, being, not)

나의 영어 스피치!

● 다음 우리말을 영어로 말해 보세요.

컨디션이 안 좋아서 어제는 대부분의 시간을 침대에서 보냈다. 그리고 피곤해서 하루 종일 음악을 들었다. 감미로운 음악에 둘러싸여 있으니까, 기분이 상쾌해졌다.

컨디션이 좋지 않다 **don't feel well** ┃ 둘러싸이다 **be surrounded** ┃ 감미로운 음악 **sweet music** ┃ 상쾌하다 **feel refreshed**

김태연의 저절로 **말이 되는 영어**

초판발행	2018년 11월 1일
초판 2쇄	2019년 2월 1일

저자	김태연
책임 편집	이효리, 장은혜, 김효은, 양승주
펴낸이	엄태상
디자인	권진희
조판	이서영
마케팅	이승욱, 오원택, 전한나, 왕성석
온라인 마케팅	김마선, 김제이, 유근혜
경영지원	마정인, 조성근, 박현숙, 김예원, 전태준, 오희연
물류	유종선, 정종진, 고영두, 최진희, 윤덕현
방송기획	김성은, 이하진, 이시아, 최유빈, 이효종

펴낸곳	랭기지플러스
주소	서울시 종로구 자하문로 300 시사빌딩
주문 및 교재문의	1588-1582
팩스	(02)3671-0500
홈페이지	http://www.sisabooks.com
이메일	sisabooks@naver.com
등록일자	2000년 8월 17일
등록번호	1 - 2718호

ISBN 978-89-5518-579-9 (13740)